AF571508

Fidèle à sa volonté de maintenir vivant l'ensemble du catalogue et de continuer à rendre accessible à tous la richesse de son contenu, Les marques du groupe L'Harmattan proposent les ouvrages, même s'ils sont épuisés dans leur premier tirage, et les impriment à la demande.
Au vu de l'ancienneté de ce titre, un exemplaire original a été numérisé pour être réimprimé, ce qui pourrait altérer légèrement la qualité de certains passages.

VENT D'ESPOIR SUR BRAZZAVILLE

Du même auteur

LA SOUMISSION : L'Harmattan Paris, 1977.
LES CORBEAUX : Éditions Akpagnon, Le Mée-sur-Seine, 1980.

© *Éditions L'Harmattan*, 1991
ISBN : 2-7384-1098-7

Dominique M'FOUILOU

VENT D'ESPOIR SUR BRAZZAVILLE

Roman

Éditions L'Harmattan
5-7, rue de l'École-Polytechnique
75005 PARIS

Collection Encres Noires
Sous la direction de Gérard da Silva

Derniers titres parus :

62. BEKOMBO Firmin, *J'attends toujours.*
63. OULD EBNOU M., *L'amour impossible.*
64. BADARA SECK A., *La mare aux grenouilles.*
65. BERNSTEIN Hilda, *Nuit noire à Pretoria.*
66. APLOGAN Blaise. *La kola brisée.*
67. MPOUDI NGOLLE E., *Sous la cendre, le feu.*
68. KABORE BILA R., *Indésirables.*
69. SENE Nar, *Wallu ! (Au secours).*
70. LABARE Albino, *Dieux noirs, Dieux blancs.*
71. KIMBIDIMA J.O., *Kriste est une gonzesse.*
72. BASSEK Philomène, *La tache de sang.*
73. NKOLLO Jean-Jacques, *Brouillard.*
74. WONE Amadou Tidiane, *Lorsque la nuit se déchire.*
75. M'FOUILOU Dominique, *Les Trois Glorieuses.*
76. DIOP Boubacar Boris, *Les tambours de la mémoire.*
77. WADE, *Taffias ! Les éventails.*
78. NGANDU Pins, *Des mangroves en terre haute.*
79. BACO Adbou S., *Brûlante est ma terre.*
80. TADJO Véronique, *Le royaume aveugle.*
81. LAM Aboubacry Moussa, *La fièvre de la terre.*
82. El Tayeb El Mahdi, *L'éphémère.*

A la mémoire de :

N'TSIETE Pierre,
MASSAMBA Raphaël,
LENDA Gaston.
En souvenir de leur sacrifice.
En hommage à leur grandeur.

Avant-Propos

Il s'agit des événements qui, pendant trois jours, secouèrent le Congo de l'année 1963.

Ces événements revêtirent une chaleur et une importance peu communes. Pourtant leur utilisation, par les groupes révolutionnaires qui ont profité de ce phénomène social qu'ils n'ont pas provoqué, pour le capitaliser et l'utiliser à leurs propres fins, reste moins connue du public : les jeunes n'ont pas appris, les vieux se souviennent vaguement. Chacun parle des TROIS GLORIEUSES sans savoir comment elles se sont déroulées et les livres scolaires ne leur accordent pas encore la place qu'elles méritent, dans l'Histoire du pays.

Pour vous narrer cette histoire, afin de mettre en lumière les faits auxquels nous devons le socialisme au Congo, je ne sais par où la commencer. C'est difficile. Remonter plus loin ? Peut-être. Ça ne serait pas plus mal. Mais il faut se limiter.

En 1960, le Congo devint indépendant dans le cadre de la Communauté Franco-Africaine. Cette situation créa des accords de défense et d'assistance économique entre la France et le Congo, ce qui permit à l'armée française (1) de maintenir sa base militaire à Brazzaville.

L'armée congolaise (2) qui commençait à se former était sous les ordres de deux officiers blancs de l'armée française.

1. Elle était composée d'Africains, Antillais et métropolitains.
2. A l'indépendance, elle ne comptait que 200 hommes sur une population totale estimée à 860 000 habitants.

Sur le plan économique, l'avenir était à l'optimisme. Les illusions s'accrurent. Les journaux le disaient, les orateurs, dans les meetings, le clamaient, cela se discutait dans les rues. La politique du gouvernement conduirait à ceci : donner à chacun du travail. Partout, le cœur des hommes et des femmes était rempli d'espoir. On croyait à une nouvelle ère d'unité, de travail, de progrès. Tout le monde, avec une particulière amitié, applaudissait le Congo, le Congo de l'indépendance. Mais cela ne devait, hélas ! durer qu'un temps.

Malgré la stabilité du régime d'un gouvernement d'union nationale (3) et une économie relativement viable, les maux hérités de la colonisation demeuraient les mêmes : misère, chômage, injustice sociale, la vie chère. Pis encore.

Il y avait des ingénieurs et des commissions, des décrets circulaient, on discutait beaucoup à Brazzaville. Tout cela devait être vrai, mais du travail et de l'amélioration des conditions de vie, personne ne se souvenait. C'était comme s'ils n'existaient pas. Les populations commencèrent à perdre confiance. Les espoirs merveilleux, évoqués le jour de l'indépendance, s'étaient peu à peu volatilisés et, à leur place, apparaissaient déjà les sombres présages des jours à venir. Alors, avaient commencé des épreuves auxquelles les événements d'août 1963 et ceux qui suivirent devaient donner au pays un caractère tout à fait particulier.

La révolte populaire des journées historiques des 13-14-15 Août 1963 marquait la réponse des travailleurs face au cours politique instauré par la première République. Mais ce n'était qu'une explosion de colère et des frus-

---

3. Avant l'indépendance, trois partis politiques se disputaient les suffrages des électeurs congolais :

— Le Mouvement Socialiste Africain (MSA) de Jacques OPANGAULT,

— Le Parti Progressiste Congolais (PPC) de Félix TCHICAYA,

— L'Union de Défense des Intérêts Africains (UDDIA) de Fulbert YOULOU.

L'UDDIA triompha à l'indépendance et Youlou devint président de la République. Son gouvernement fut celui de l'union nationale avec tous les membres les plus influents de ces trois partis.

trations longtemps contenues. Il ne s'agissait pas, pour les masses, d'opérer une révolution idéologique.

Au seuil de cette histoire où, tous retrempant notre colère, nous prenions exemple et leçon, qu'on me permette encore de dresser une image dernière, celle de ce mouvement... Mouvement qui permit surtout un compromis entre marxistes et non-marxistes, pour une période transitoire au cours de laquelle, chaque tendance révolutionnaire (pro-russe, maoïste, castriste) forgea et affina sa propre stratégie de confiscation du pouvoir.

Pourtant avant de me taire, je voudrais ramener ici cette grande ombre.

D. M'FOUILOU

Les derniers rayons du soleil luisaient sur Brazzaville. L'air était vif et frais, comme il l'est à cette période de l'année. L'astre avait atteint la cime des arbres à l'Ouest. Il disparut presque tout d'un coup, la ville fut plongée dans une espèce de pénombre.

On était au mois de juillet, c'était la saison sèche.

Le jour se terminait comme n'importe quel autre jour. Il n'y avait rien dans l'air froid et le soir sombre qui pouvait faire croire à la population qu'une chose extraordinaire était sur le point de se produire. Une chose extraordinaire et tout à fait importante.

Dans la capitale, la vie grondait. Les ouvriers sortaient de leur travail. Les chômeurs défilaient, montant les rues, se rendant on ne sait où. On voyait des femmes qui traînaient leurs enfants après elles. Sur les côtés, des adolescents s'avançaient sous le nez des passants, tendaient les mains. Ils quêtaient sans dire un mot. Tous ces gens évoluaient en désordre dans les rues poudreuses. Leur démarche précipitée et parfois nonchalante, leurs regards qui se croisaient, leurs voix nettes et sonores mêlées au bruit des moteurs de voitures et de vélomoteurs, créaient une atmosphère de fête.

Ils n'avaient, en rien, changé leurs habitudes.

Le grand carrefour du centre-ville était fort animé. Les gens entraient et sortaient des magasins les bras chargés. Des multitudes de chômeurs s'arrêtaient pour observer la devanture. Ils suivaient le défilé, pas de quoi payer pour s'y joindre, et cependant le dévoraient des yeux. Çà et là, on apercevait un faible sourire, probablement un vieux chômeur aigri, depuis longtemps convaincu que les choses ne changeraient pas.

Sur le trottoir, à l'angle de l'avenue qui menait à la gare, Julien s'arrêta. Ce devait être un, qui, dans cette foule en marche, découvrait l'indice de quelque obscur mouvement de l'humanité. Nul ne fit attention à lui. Une fois son vêtement ajusté, il se sentit poussé à poursuivre sa route. Au même moment, un moteur de voiture, en mal de démarrage, pétaradait désespérément. Quelque chose craqua dans le ventre de la machine malmenée. Ce bruit déclencha une bordée de rire qui le fit sursauter. Il se retourna brusquement, promena ses yeux tout autour, s'approcha d'un arbre. Il s'y appuya.

Le grand magasin se dressait derrière lui avec son continuel va-et-vient des clients. Au loin se détachaient l'Église Ste. Anne et le bâtiment blanchâtre de la commune de Poto-Poto, et, sur d'autres points, les pâtés sombres des maisons. Une avenue bordée d'arbres feuillus.

Julien fouilla ses poches, chercha des allumettes d'un geste exaspéré. Il remit sa cigarette dans son paquet et fourra le tout dans la poche de sa veste. Il observa la foule qui occupait la chaussée. Il aurait aimé en extraire l'énergie qu'il y devinait, inemployée.

Il consulta sa montre. Aussitôt, il remonta rapidement l'avenue dans la direction de M'Pila. Le menton rentré dans le cou, il s'efforçait d'éviter le petit vent mauvais. En haut de la place de la gare, il traversa l'avenue Paul Doumer et entra à la Bourse du Travail. Il passa rapidement devant la porte d'entrée, pas assez cependant pour empêcher que ne s'engouffre en même temps un tourbillon de vent frais.

Dans la salle de réunions éclairée par trois grosses ampoules, les délégués des trois Centrales syndicales étaient assis autour des tables, dans la partie arrière du bâtiment, partie la plus large du reste. Quelques bavardages animaient la pièce avant la grande discussion.

Le temps s'écoulait lentement.

L'absence inexplicable de Julien faisait parler tout le monde. Il devait déjà être là depuis dix-huit heures. Personne n'y comprenait plus rien. Des groupes étaient restés formés où on discutait ferme.

— Alors qu'est-ce qu'on fait ?

— Il faut le retrouver.

— Mais où ?

— Il faut d'abord commencer par chez lui.

— J'y vais.

A peine l'homme était-il debout que Julien se présenta sur le seuil. Un changement se fit dans la salle.

— Le voilà.

Julien avait toujours une impression d'importance quand il pénétrait dans cet édifice, où se trouvait son bureau. Il se sentit encore plus important quand il pénétra dans cette salle de réunions. C'était là que toutes les Centrales se réunissaient pour concocter les mots d'ordre adressés à leurs bases.

Après avoir franchi le seuil, il s'arrêta un instant.

— Excusez-moi de ce retard.

— Non, mais... Tu te rends compte de ce que nous avons tous pensé ?

— Je sais... Je sais. Il n'y avait aucune raison pour vous inquiéter.

Il serra des mains, prononça des paroles de salutations, et ce fut avec un réel soulagement de la salle qu'il s'assit à la place indiquée.

— Bon, tout le monde est là ! dit-il. Commençons, camarades.

Il sortit de sa serviette les rapports des trois Centrales et les donna au secrétaire, proposa l'ordre du jour.

D'habitude, ils n'allaient guère au-delà de 18 heures ; mais la crise qui couvait dans la capitale les avait obligés à rester très tard dans ces locaux.

Le bâtiment en briques cuites qui abritait la Bourse du Travail se trouvait à deux pas de la gare. C'était une grande maison rectangulaire sans style, bâtie sous la colonisation. On ne se rappelait plus très bien à quoi elle avait servi avant d'être mise à la disposition des travailleurs. Des beaux parterres qui l'entouraient, il ne restait qu'un clos de palissade.

Dehors soufflait toujours le petit vent de saison sèche et aucun son ne sortait de cette pièce. Seule la lumière qui, malgré les fenêtres fermées et les stores baissés, remplissait la pièce, rampait le long des murs épais et se glissait entre les interstices des fenêtres, permettait de distinguer les formes.

Toute l'attention dans cette salle éclairée était concentrée sur la situation du pays.

Elle était mauvaise, la situation, et les mauvaises situations forment les consciences.

Après trois ans d'indépendance, constataient les syndicalistes, nul progrès, nulle amélioration des conditions sociales des travailleurs n'avaient été amorcés. Ils tenaient le régime pour responsable. L'équipe gouvernementale était devenue le symbole de la carence. Le pouvoir d'achat était en chute continuelle et spectaculaire depuis la proclamation de l'indépendance, accompagné d'une augmentation du chômage à un niveau assez élevé.

L'aggravation générale des conditions de vie provoquait, jour après jour, dans l'ordre national aussi bien que dans l'ordre privé, un perpétuel désappointement. La misère était là, sans masque.

Au début, ces désappointements se manifestaient chez Julien par des idées désespérées, sombres et pessimistes, d'une dure âcreté destructrice. Plus tard commença à s'élaborer lentement en lui la conscience de la situation des travailleurs et celle du pays. Il chercha quelque manière de s'arranger, de commencer à partager ses tourments, de se faire comprendre par ses collègues. Son activité et ses enthousiasmes juvéniles ne rencontraient pas d'utilisation et ce, précisément, dans une société que les gens appelaient neuve. De là l'amertume féroce de ses idées.

— La situation des travailleurs est tragique, dit-il. Nos connaissances, notre énergie, notre jeunesse, ne nous servent à rien. Nous sommes en train de perdre toute illusion. Nous sentons le désastre de notre pays.

— Je te trouve bien nationaliste, lui dit Jacques en riant.

— Pourquoi pas ? N'y a-t-il pas de motif de se sentir en désaccord avec cette société ébranlée, défaite, dans laquelle seuls peuvent être privilégiés les ministres et les députés ? Nous ne pouvons pas continuer ainsi ! Vois même leur comportement arrogant. Face à eux, que pouvons-nous être, nous autres, sinon des communistes ? Tu dis : nationaliste ? Pourquoi pas ? Est-ce que cela t'effraierait ?

— Absolument pas.

Il se fit un silence d'une profondeur insoutenable et grave. Alphonse but un verre d'eau. Puis il dit :

— Et qu'allons-nous faire ? Rien ? Si nous déclenchons une grève maintenant, nous n'arriverons à rien d'autre qu'à désorganiser l'économie et à enfoncer le pays de plus en plus dans la misère. Je crois que personne ne désire cela ?

— Le pain et le progrès se gagnent dans la lutte ! Si nous ne luttons pas, nous n'arriverons à rien.

— Il faut mobiliser les travailleurs pour préparer la grève, dit avec une expression de rage un syndiqué.

— Non. Cela ne nous mènera à rien pour le moment. Lutter oui. Mais efficacement, avec un but.

Nouvelle pause.

Julien dit sèchement, après avoir réfléchi quelques instants :

— Je crois que nous devons d'abord exiger du président de la République la compression de son gouvernement.

Ils se regardèrent les uns les autres.

— Crois-tu que c'est facile ? demanda l'un.

— Cela ne se demande pas. C'est cela la lutte, pas autre chose. Est-ce que cela ne te semble pas bien ?

— A moi ? Et comment ! Avec l'envie que j'ai de voir le pays progresser ! Alors nous allons trouver le président, hein ?

Ils se mirent à rire.

— Pour donner au combat une plus grande efficacité, nous devrions créer un Comité de Fusion Syndicale (C.F.S.). Le Comité politique de cette fusion sera chargé de négocier avec le pouvoir.

— Bien pensé.

— Alors, vous êtes d'accord ?

Tous s'animèrent.

Les représentants de chaque Centrale émettaient leurs opinions sur la question.

— Autant que nous soyons tout de suite d'accord sur cette affaire.

— Tant que le pays sera dirigé par ce gouvernement, la situation ne changera jamais.

— Voyons les choses d'une façon objective. D'après certains sondages, le peuple s'est lassé de ce gouvernement corrompu. Nous devons donc très vite profiter de cette situation pour faire pression...

— Il va falloir prendre une décision.

— Oui.

— Que devons-nous faire ?

Ils questionnaient, écrivaient, chuchotaient, mettaient en exergue les désaccords au sein du mouvement ouvrier congolais sur la façon de mener la lutte. Conscients que des concessions devaient être faites et que les choses devaient changer, ils cherchèrent à concilier leurs points de vue. On parla beaucoup de s'entendre. Certains discutaient des moyens. Julien se montra hardiment partisan de l'entente avant tout, de l'entente tout court. Le reste viendrait de lui-même.

La discussion dura longtemps jusqu'à ce qu'ils surmontent leurs divergences. Ils se mirent enfin d'accord pour former ce Comité de Fusion Syndicale. Les trois responsables syndicaux se serrèrent la main, unis dans une lutte commune.

— Nous pouvons, fit Julien élu président du Comité, maintenant que nous sommes unis, exiger la compression du gouvernement.

— C'est ça, c'est ça !

— Et moi je dis, interrompit quelqu'un, en passant sa main sur son front, à combien allons-nous le réduire ? Je vous signale qu'il compte 16 ministres et 4 secrétaires d'État.

La question était sérieuse, posée ainsi en termes réels. Court silence. Ils réfléchissaient comme s'ils devaient résoudre une équation. Julien, enfin, replaça le problème sur son point initial.

— Il faut d'abord savoir ce que l'on veut faire. La compression du gouvernement ne sera que provisoire. Un nombre très réduit de ministres va rester en place jusqu'à la mise en place du Parti unique.

— Bon, commençons avec le nombre. A combien allons-nous le réduire ?

Nouvelle pause.

— Je crois qu'il faut le ramener à 10 membres.

— Non, moi je dis 8.

Ils réfléchirent de nouveau. Julien dit :

— Je pense que le nombre 8 convient mieux.

— Bon, allons-y pour 8 membres.

Le nombre fut accepté par tout le monde. Puis ils décidèrent, dans un premier temps, de rédiger une déclaration pour le 24 juillet de cette même année, où ils allaient préciser leurs exigences :

— Mise sur pieds d'un gouvernement provisoire de 8 membres ;

— Mise en place avant le 15 août (fête nationale) d'un Parti unique avec un bureau politique provisoire dont le rôle serait de désigner les ministres (le président de la République n'ayant plus qu'à entériner) et de préparer les élections législatives en vue de renouveler l'Assemblée Nationale.

Ensuite, rassembler les travailleurs le 4 août à la Bourse du Travail pour un meeting d'information.

C'était une chose difficile et importante que d'organiser un rassemblement au cours de cette période, et de le réussir.

Il était tard, en fait : le matin se levait quand la réunion se termina. L'alanguissement commençait à gagner les délégués. La fatigue de l'émotion et de la nuit passée semblait se projeter sur tout, les cheveux en désordre, les regards lassés, les yeux cernés qui s'alourdissaient.

Pendant des semaines, la question du meeting flotta à travers la ville comme une fine brume dont les filaments enveloppaient tous les habitants.

Le ciel baigné d'une lumière diffuse gardait son fond gris de saison sèche. Les rues étaient pleines de passants qui s'en allaient, certains pressés, d'autres traînant les pas et riant, à leurs affaires.

Des jeunes gens étaient debout au coin des rues ou assis dans une buvette devant une bouteille de bière qu'ils vidaient aussitôt. Nombre de gens en faisaient autant dans tous les quartiers : on ne leur avait pas encore proposé de solution martiale à leurs problèmes quotidiens. Dans les rues, mettant à profit la période de grandes vacances, les enfants jouaient dans le sable joyeusement.

La vie continuait, modeste.

Le 4 août arriva.

Dès le matin, des milliers de travailleurs se rassemblèrent devant la Bourse du Travail. Dans la grande rue, les ruelles, à l'ombre des arbres, devant et autour du bâtiment, la foule s'était répandue. Elle débordait comme un fleuve et couvrait petit à petit toute la place. Il semblait que les gens se multipliaient à l'infini. Quelques-uns grimpaient sur les palissades, d'autres sur les arbres.

Tous les regards étaient dirigés vers la Bourse.

Il y eut un remous, on annonça l'arrivée de l'orateur. Il agita la main pour attirer l'attention et réclama le silence. Soudain, tout fut suspendu, cris des enfants, discussions, interpellations. Au moment où il allait prendre la parole, quelqu'un dans la foule, se mit à crier :

— Les gendarmes !... Les gendarmes !...

La foule ondula. Les gens levèrent la tête et regardèrent au loin, de tous côtés. Une sorte d'exaltation envahit la place. Quelques-uns semblaient désorientés.

Plusieurs cars remplis de gendarmes arrivèrent à toute

vitesse et s'arrêtèrent dans un nuage de poussière. Un bruit sourd de paroles hostiles enveloppa la foule. On entendait de faibles voix oppressées, celles des femmes ; des jurons, ceux des hommes.

Les responsables syndicaux se dressèrent aussitôt au-dessus de la foule. En même temps retentissait la voix rauque de l'officier bien tanné.

— Messieurs !...

— Camarades ! coupa l'orateur d'une voix décidée.

— Arrêtez ! cria l'officier. Pas de meeting. Les réunions publiques sont désormais interdites par le gouvernement.

— Camarades ! répéta le syndicaliste pour se faire entendre, conquérir le silence, faire se tourner les têtes vers lui, se serrer les rangs.

— Arrêtez ! cria de nouveau l'officier.

Le syndicaliste se retourna, ses yeux devinrent aussitôt rouges et, en même temps que ses collègues, il s'avança dans la foule.

Quelqu'un siffla d'une certaine manière et d'autres lui répondirent. Puis une explosion brutale de cris et d'injures s'éleva de la foule. Un branle-bas secoua la masse. Tous semblaient furieux.

— Camarades ! du calme. Ne cédez pas à la violence.

Le temps que tout le bruit se décante, qu'un peu de silence se fasse, que les travailleurs se rapprochent autour de lui, l'officier rugit un ordre.

— Qu'on les arrête !

Un groupe serré de gendarmes fonça dans la foule, se précipita vers les syndicalistes. Mais le coup fut raté. Les syndicalistes se replièrent, tout le monde autour d'eux. Un barrage de camarades empêcha les gendarmes d'arriver jusqu'à eux ; et derrière, les manifestants s'étaient reformés, assez compacts. Une clameur monta. Une violente bousculade secoua l'endroit. Un tourbillon tumultueux de sons discordants assourdit la place.

Aussitôt l'air fut déchiré par des coups de sifflets, des gémissements et des cris d'effroi. La bagarre se généralisa. Les matraques s'élevaient et s'abattaient sur les têtes.

Des jambes et des bras enchevêtrés se détendaient comme des membres de poupées mécaniques.

Le bois des clôtures alentour craquait. Le lourd piétinement des gens sur le sol résonnait sourdement et soulevait une poussière épaisse qui étouffait, aveuglait. L'avant-garde des gendarmes était presque coupée de son renfort, attaquée sur les deux côtés et pincée en tenailles, sur son arrière.

La bagarre continua, dure. En son milieu, cinq ou six grenades lacrymogènes éclatèrent. Mélangée à la poussière, la fumée monta et se répandit. L'odeur qu'elle dégagea piquait les yeux qui devenaient rouges et empêchait les gens de respirer normalement.

— Attention ! criaient les syndicalistes. Attention ! Reculez-vous. Reculez-vous... Ne vous faites pas massacrer...

Mais on se bousculait toujours.

La voix rauque de l'officier grondait comme le tonnerre.

— Reculez. Reculez.

— Dispersez-vous, camarades ! criaient les syndicalistes. Rentrez chez vous. Nous vous tiendrons au courant de la suite à donner aux événements.

On leur obéit.

En quelques minutes, la place se vida et tomba dans un calme étrange.

*

* *

Tout l'après-midi, une grande agitation régna parmi les syndicalistes. Leur état d'esprit se ressentait des échauffourées du matin. Et ils rageaient de ne pas avoir eu la possibilité de parler aux travailleurs.

L'ombre du soir tombait déjà, mais le dernier reflet du soleil couchant planait encore dans le ciel et le teintait çà et là de rose. Les gens se mouvaient dans tous les sens. Les buvettes avaient retrouvé leur ambiance quotidienne.

La nuit se vivait dans une grande circulation de récits, chacun rectifiant la vision partielle de l'autre.

Pendant ce temps-là, Julien faisait le tour des camarades pour sentir où on était. Il dut réagir en lui-même contre cette impression de débandade que les événements de ce matin pouvaient donner. Cela même lui montra la ligne à suivre. L'urgence était de convoquer une réunion du Comité de Fusion afin d'arrêter ensemble les conclusions sur les événements et les dispositions à prendre.

Ils étaient tous là, assis ou debout, l'oreille aux aguets, autour d'une lampe à pétrole qui n'avait qu'une heure de lumière à donner. Elle fumait abondamment.

Le président observait les visages de ses camarades réunis autour de lui. Il attendait que régnât le silence. Maintenant, il comprenait. Il croyait comprendre. Cela ne modifiait peut-être pas grand-chose à ce qu'ils feraient, mais au moins ce sera moins déprimant... Le matin, il n'avait fait qu'éprouver la difficulté des échauffourées, presque physiquement. Il n'avait que le sentiment confus de ne pas être maître des événements, d'être débordé par eux. Maintenant, il raisonnait cette difficulté. Il la voyait en face. Jamais à ce point il n'avait senti le noir de la nuit descendre sur ses épaules.

Rester assis absolument calme et silencieux, personne ne le pouvait. Tout le monde parlait à la fois et chacun avait sa petite idée et son explication des événements, mais ils n'avaient pas encore vraiment réfléchi. Nombreux étaient ceux qui n'étaient pas rasés, les yeux rougis par la fatigue et l'énervement.

Le président leva enfin la main, réclamant le silence. Mais les gens continuaient à parler bas. Il frappa sur la table et dit d'une voix enrouée :

— Un peu de silence, je vous prie !

Lorsqu'il l'obtint enfin :

— Camarades, il ne s'agit pas de faire une réunion qui durera des heures pour des raisons que tout le monde comprend. Décider ensemble, cette nuit, de la suite à donner aux événements qui viennent de se produire, voilà ce dont il s'agit. Mettons-nous d'accord dès cette nuit même, sinon la classe ouvrière tout entière prendra un coup terrible.

Il parla tout d'une haleine. Les autres écoutaient en silence.

— Une question, président ! dit quelqu'un en se levant.

Son collègue de gauche se pencha vers lui et lui souffla quelque chose à l'oreille. Il approuva de la tête.

— Je veux poser une question au camarade président.

— Vas-y, je t'écoute.

— Voilà. Le gouvernement vient d'interdire les réunions publiques sur toute l'étendue du territoire. Quelle attitude devons-nous adopter à cet égard ?

— Je voudrais faire une remarque : toute la classe ouvrière attend de nous une action. Elle a les yeux tournés vers nous. Aussi sommes-nous condamnés à réagir contre cette mesure et la répression policière dont nous sommes l'objet depuis ce matin... Prenons nos responsabilités pour ne pas décevoir notre base.

Silence.

— Malheureusement, reprit Julien, nous ne pouvons rien entreprendre avant que la commission d'étude pour le Parti unique que nous avons mise en place avec le président de la République ne se réunisse.

Il consulta son agenda.

— Le 9 août, c'est bien ça. La commission d'étude se réunira le 9 août. Attendons jusque-là. A mon avis, c'est le mieux à faire.

Chaque jour, jusqu'à la date prévue, ils ne connaissaient pas de répit. Ils se consultaient, discutaient, affinaient leur projet de Parti unique. Ils comprenaient clairement que la lutte qu'ils allaient entreprendre contre le gouvernement ne serait certes pas chose aisée.

« Tout sera décidé le 9 août », se disaient-ils.

Le jour arriva. Mais la réunion tant attendue ne se déroula pas comme ils le souhaitaient. Elle se termina dans une impasse. Le président de la République refusa toute concession.

Le lendemain, s'engagea, au Comité de Fusion, la discussion sur la décision à prendre. Malgré les quelques divergences personnelles entre les différents chefs syndicaux, le consensus trouva un profond écho. Divers avis furent émis. Parmi les solutions qui surgissaient dans l'imagination pour fléchir le gouvernement, la grève générale retenait le plus l'attention.

— Voyons un peu la situation. Nous avons été attaqués alors que nous étions dans notre droit. Je propose donc qu'on lance à toutes les cellules de base un appel à la grève générale de protestation. Nous n'allons pas laisser passer cela sans réagir !...

— Eh bien, mettons la proposition du président aux voix. Il y a peut-être parmi nous certains qui ne veulent pas faire grève, il faut bien qu'on le sache.

Les regards se tournèrent vers le président qui dit :

— D'accord... les camarades qui sont d'accord pour la grève sont priés de lever la main.

Comme des écoliers ils levèrent, tous, la main.

— Je vois que l'unanimité est acquise. Ce n'est pas la peine de demander qui est contre !

— Non, répondirent en chœur les voix. On est tous pour la grève.

— Nous allons donc répondre à la décision du gouvernement par une grève générale. Tous, nous devons conjuguer nos efforts pour une lutte commune. L'heure décisive a sonné, camarades ! Certains des camarades iront à Pointe-Noire et Dolisie (Loubomo) encadrer la grève.

Quand il se tut, la pâle lumière de l'aube pénétrait déjà dans la maison. La discussion qui suivit permit de régler quelques petits détails sur la façon dont ils allaient conduire le mouvement. Puis, ils s'entendirent sur la date de la grève.

Elle fut fixée au 13 août 1963 dans la matinée à la Bourse du Travail.

— Nous allons transmettre au gouvernement, dès demain matin, le préavis de grève pour cette date, dit le président. Maintenant, nous devons préparer la grève. Chacun de nous doit connaître déjà ses devoirs, son emplacement dans le mouvement que nous allons lancer.

Primo, l'initiative des opérations aura lieu comme convenu sous la direction du Comité de Fusion. Nous dépêcherons quelques camarades à Pointe-Noire et Dolisie expliquer la situation aux travailleurs et appuyer les responsables locaux.

Secondo, le mot d'ordre de grève sera communiqué à toutes les cellules par leurs Centrales syndicales respectives.

Tertio, l'organisation de l'agitation au moyen de la propagande directe est confiée au président et aux membres du Comité.

Quarto, ceux qui iront à Pointe-Noire et Dolisie encadrer la grève prendront le train quarante-huit heures avant le jour J... Qu'en pensez-vous ?

— Nous sommes tous d'accord.

— Alors, je clôture la réunion... Nous nous retrouverons à 14 heures pour mettre au point le programme d'action.

Les dernières étoiles s'éteignaient dans un ciel déjà teinté d'azur. L'aube était fraîche et dans la faible lumière du jour naissant, la porte s'ouvrit. Dans l'encadrement apparut la tête d'un homme qui inspectait les environs. Il se retourna et dit tout bas à ses camarades :

— Il n'y a personne, partons !

Des ombres noires sortirent une à une de la maison. Le petit jour gris les enveloppa de son humidité pénétrante. Ils disparurent par groupes de deux, de trois.

*
* *

Fatigués ? Certes oui, les membres du Comité de Fusion l'étaient dans l'après-midi de ce jour, qui était le second après l'échec de la Commission d'Etude pour le Parti unique. Malgré tous les efforts qu'ils faisaient pour soutenir la discussion autour de cette table de réunion, ils ne pouvaient ordonner leurs idées. Ils firent une pause.

Profitant de ce moment de repos, le président se leva et alla s'assoupir dans un fauteuil. Il put à loisir réfléchir, la tête rejetée en arrière.

Ses pensées étaient vagues, confuses.

« Voyons !... »

Il secoua la tête et essaya de raisonner :

« A vrai dire, toutes les conditions pour déclencher une grève générale réussie sont réunies. Le comportement de l'équipe au pouvoir face à la pauvreté, ses mœurs éhontées ont créé un sentiment de révolte dans tout le pays. Cette grève du 13 août prouvera qu'il peut être opportun de profiter de cette situation, comme le font remarquer Grégoire et les autres du Groupe, pour changer les choses ».

Toutes ces pensées défilaient dans le cerveau épuisé du président.

« Si l'un d'entre nous faiblit, si nous sommes tous arrêtés, si l'un de nous fait une gaffe... »

On frappa à la porte.

— Entrez, dit Alphonse.

Le courrier au bureau du syndicat apparut. Tous se tournèrent vers lui.

— Du nouveau ? demandèrent-ils.

— Oui, très important !

Une main secoua l'épaule du président.

— Réveille-toi, camarade !

— Laisse-moi tranquille...

Le président se sentait incapable de s'arracher à la volupté du sommeil. Ses pensées devenaient plus vagues et ses raisonnements moins clairs.

— Oh ! je veux dormir. Qui est-ce qui me brutalise ainsi ? dit-il.

Il ne voulait pas se lever et s'étirait en bâillant. A ce moment, entre ses paupières clignotantes, lourdes de sommeil, il vit une ombre se dessiner devant lui. Il ouvrit les yeux.

— Je suis désolé de vous déranger, dit le courrier.

Le président se redressa.

— Qu'est-ce que c'est ?

Le garçon lui tendit une enveloppe.

— D'où cela vient-il ?

— Du ministère de l'Intérieur. Cela vient d'être porté par le courrier.

Il se fit un silence profond, coupé seulement par les souffles des respirations.

Le président ouvrit l'enveloppe et déplia la lettre. Lorsqu'il eut fini de la parcourir, il resta un moment absent. Puis il la fit passer de main en main. Un signe de crispation apparut sur les visages fatigués. Une fois qu'ils eurent tous pris connaissance de son contenu, ils se regardèrent. Il fallait réagir... Il n'y avait pas de temps à perdre.

— Voici ce que nous allons faire..., dit le président.

Tous les membres du Comité se regroupèrent autour de la table.

— Comme vous venez de le lire, le gouvernement interdit la grève du 13 août.

Il était déjà 17 heures.

La délibération dura un bon moment. Alphonse notait rapidement les interventions.

— Quelle attitude allons-nous prendre face à ces mesures d'interdiction ? demanda Jacques.

Le président haussa les épaules et ne répondit pas tout de suite. Depuis qu'il était à la tête du Comité Mixte, puis du Comité de Fusion, jamais il n'émettait une proposition de grande importance tant qu'il n'était pas certain que son Groupe l'approuverait.

— Eh bien, dit-il enfin, nous discuterons demain matin de la position à prendre face à ces mesures d'interdiction. Je propose maintenant qu'on rentre se coucher. Nous sommes très fatigués et ne sommes plus en état de débattre d'une manière cohérente et efficace cette question de haute importance. Soyons réalistes. Demain matin, nos idées seront plus claires, et nous serons à même de prendre une décision beaucoup plus objective sur ce que nous allons faire.

— D'accord, firent les autres.

— On se retrouve ici dès 7 heures.

— Entendu.

Ils disparurent chacun dans une direction différente.

*
* *

Il faisait nuit noire.

Tout était d'un silence étrange. Un petit vent répandait sa fraîcheur au-dessus de la ville, frappait à chaque porte. Tout semblait endormi sauf dans cette maison, en plein quartier de Poto-Poto, où la situation créée par les derniers événements ne se faisait pas moins sentir que chez les délégués syndicaux.

— Camarades, dit Dominique, l'évolution de la situation actuelle donne à notre réunion une signification particulièrement importante.

Il toussa et porta la main devant sa bouche.

Chaque semaine, depuis un mois, il présentait ainsi son rapport sur la situation du pays, devant les membres du Groupe politique clandestin dont il était le chef. Mais il n'était jamais tout à fait à son aise en prononçant ses premières paroles. Non qu'il se sous-estimait. Il n'était désigné à la tête du Groupe que depuis quelques mois et restait toujours aussi plein de ferveur que quelques années auparavant lorsqu'il militait à l'A.E.C. (1) en France.

— La grève représente pour nous, continua Dominique, un très gros intérêt. Julien doit s'organiser à canaliser cette grève dans le sens que nous lui avions indiqué.

Dominique avait repris maintenant toute son assurance. Pour lui, seuls les premiers mots étaient difficiles à prononcer. Il apparaissait comme le rassembleur de toutes les tendances politiques de gauche réunies en un seul bloc : le Groupe, pour un but commun, la prise du pouvoir. Tous ses collaborateurs reconnaissaient en lui l'une des têtes les plus révolutionnaires du pays, l'une des éminences grises de la gauche édilitaire.

— Julien a toujours été un des nôtres. Nous le connaissons bien...

Il hésita, fit une pause et reprit :

— Oui, chacun de nous le connaît bien. Nous pouvons lui faire confiance pour ça. Il fait déjà un très bon travail au sein de sa Centrale syndicale, la C.G.A.T. (2) et au sein de l'U.J.C. (3). On peut considérer comme très proche de nos idées une partie de la direction du Comité de Fusion. Mais ils ne doivent pas savoir que notre Groupe existe. Seul Julien transmettra à la base de l'ensemble du

1. A.E.C. : Association des Étudiants Congolais.

2. C.G.A.T. : Confédération Générale Africaine du Travail, affiliée à la C.G.T. (Confédération Générale des Travailleurs) en France.

3. U.J.C. : Union de la Jeunesse Congolaise.

mouvement ouvrier que nous devons conquérir, par l'intermédiaire du Comité, les mots d'ordre élaborés par nous.

Il se tut de nouveau afin de reprendre son souffle et promena son regard sur l'assistance. Il continua :

— Il est évident, camarades, que si les leaders des deux autres Centrales syndicales, je pense à la C.I.S.L. (4) et la C.A.T.C. (5), étaient au courant, c'est sûr qu'ils ne pourraient accepter de marcher avec Julien et nous mettraient en difficulté. Notre stratégie implique l'intégration de tout le Comité à notre politique. Cette unité de toutes les organisations syndicales sous notre contrôle est nécessaire dans le déroulement des événements. Par ailleurs, dès que le gouvernement se trouvera devant les difficultés provenant du mouvement de masse provoqué par la grève, nous pourrions intervenir par nos éléments à nous auprès des grévistes pour augmenter les mécontentements. Ces événements serviront à progresser dans l'opération anti-Youlou et développera ainsi, à plus ou moins long terme, un climat favorable à nos idées.

Il se tut et fixa la table. Deux minutes après, il ajouta pensivement :

— Ces événements nous sont indispensables.

Ses camarades lui accordèrent un long regard sans intervenir. Comme rien ne venait au bout d'un moment, le silence s'installa et chacun demeura songeur. Un pli soucieux apparut sur son front. Il se leva, fit quelques pas et revint s'asseoir. Brusquement, il dit :

— Qu'est-ce qu'il fait, Julien ? Il n'est toujours pas là !

*
* *

La nuit était déjà bien avancée lorsque, la réunion du Comité de Fusion terminée, le président arriva devant une

---

4. C.I.S.L. : Confédération Internationale des Syndicats Libres, affiliée à F.O. (Force Ouvrière) France.

5. C.A.T.C. : Confédération Africaine des Travailleurs Croyants affiliée à la C.F.T.C. (Confédération Française des Travailleurs Croyants) France.

parcelle. Il regarda à gauche puis à droite, et entra. Il la traversa, contourna les maisons et sortit de l'autre côté. Il se retrouva dans une autre parcelle. Il faisait sombre à tel point qu'il ne distingua pas François qui était à la porte et lui adressa la parole.

— Eh ! Julien, par ici !

— Je ne te voyais pas.

— Je t'attendais. Il ne manquait que toi pour commencer. Les autres sont tous là.

— Je ne suis pas trop en retard ?

— Quand même !... tu as vu l'heure ?

— Excuse-moi, je sors d'une autre réunion.

— Je sais... Viens, on passe par derrière.

Ils se glissèrent précautionneusement jusqu'à la porte où il vit une lueur de lampe à pétrole qui filtrait entre les persiennes de la fenêtre. Il entendit des voix venant de l'intérieur.

— Heureusement que l'endroit est très discret, fit-il observer à François.

— C'est pourquoi nous l'avons choisi.

Julien sourit dans le noir.

François frappa à coups légers et attendit quelques instants. Le silence se fit à l'intérieur et bientôt la porte s'entrouvrit. Il fit passer le président devant et referma aussitôt la porte derrière lui. Les hommes étaient assis autour d'une grande table.

Il y avait dans cette maison une douzaine de personnes, les unes assises sur des chaises, les autres sur un banc d'une large planche posée sur deux caisses.

— Ceci n'est évidemment pas une conspiration, dit Julien en plaisantant.

— Ne discutons pas de cela, ce n'est pas le moment. Il s'agit ici d'autre chose.

Il y eut un rire unanime.

— Ne perdons pas de temps, camarades, commença Dominique... La séance est ouverte.

Il fit une pause, obtint le silence.

— Vous savez de quoi il s'agit. Le temps est venu de faire le bilan des dernières 24 heures. C'est pour cela que je vous ai demandé de venir. Nous devons tirer les leçons de ce qui s'est passé devant la Bourse du Travail et préparer la grève du 13 Août.

Julien toussa. Dominique s'interrompit. Profitant du trou, Julien lança impulsivement :

— Avant d'aller plus loin à propos de la grève, je voudrais vous livrer une information très importante.

— Nous t'écoutons.

— Voilà, nous avons reçu au Comité une lettre du ministère de l'Intérieur qui interdit cette grève.

Dominique se redressa d'un seul coup. Georges s'écria :

— Non !...

Julien répéta :

— Le gouvernement a interdit la grève.

L'atmosphère de la maison se figea. François semblait abasourdi ; Thomas choqué, Daniel incrédule et les autres semblaient bouleversés. Quant à Julien, il se sentait totalement, profondément désolé.

Dominique se livrait à un exercice de réflexion à haute pression. Il fixa son regard sur Julien, puis sur la table, puis sur Julien de nouveau, et dit :

— Je t'écoute. Mais jusqu'ici je n'ai encore rien entendu.

Julien ne dit rien. Il plongea la main dans sa serviette et en sortit la lettre. Il la tendit à Dominique.

— Tenez, lisez-la tous.

Lorsque Dominique eut fini de la lire, il haussa les épaules en disant :

— En effet.

Il poussa un grand soupir et la fit passer à son tour aux autres. Il resta un moment silencieux, puis :

— Et vous au Comité ? demanda-t-il à Julien. Qu'en pensez-vous.

— Nous allons en débattre ce matin.

— En tout cas, il n'est pas question de céder. Il faut maintenir cette grève à n'importe quel prix. Elle est pour le Comité de Fusion et pour nous un événement de première importance.

Sans nul doute, le Groupe allait y imprimer ses couleurs. Il vivait dans la clandestinité. Et c'est au moment où ils entrevoyaient une lumière d'espoir que l'échec de la grève les maintiendrait pour longtemps encore dans l'ombre ? Non. Le régime de Youlou montrait ses faiblesses. Il n'était pas question de reculer.

— Que pensez-vous de ce que feront les autres ? Et s'ils interviennent ?

— Qui les autres ?

— Les alliés de Youlou... L'armée française. Vous croyez qu'elle restera les bras croisés sans rien faire ?

— J'ai idée que le gouvernement a tout simplement agité un épouvantail, dit Camille.

— On dit le président intelligent, ajouta Bernard, et par ailleurs il n'aurait pas l'idée qu'il vient de commettre une grosse erreur en interdisant cette grève...

— N'empêche que cette décision n'est pas faite pour nous faciliter la tâche.

— Je ne vois pas, dit Germain, une seule raison formelle de t'inquiéter pour le moment.

Dominique hocha la tête et, sans trop élever la voix, dit :

— Pour le moment, c'est toi qui le dis. Il est vrai que cette interdiction peut n'être rien d'autre qu'un épouvantail et tout aussi vrai qu'elle peut contenir une véritable menace pour notre Groupe. Il se peut aussi que leurs alliés français soient carrément dans le coup.

— Il n'y a qu'un moyen de le savoir, dit Thomas. C'est de le demander à nos deux amis officiers de l'armée française. N'est-ce pas ton avis ?

— Bon, on verra, reprit Dominique. Ça prouve qu'il faut compter avec les autres en face, et se dire que rien ne se fera tout seul, et qu'on a affaire à forte partie... On pourra toujours faire intervenir les deux amis si le besoin s'en fait sentir et ça sera mieux. Bien. Ça, c'est la première chose.

La deuxième, comme cela dépasse de beaucoup la grève, comme importance, je voudrais vous dire que nous devons prendre dès maintenant nos dispositions. La manifestation du 13, c'est bien ! Mais le Comité de Fusion n'est pas tout. Il y a le reste, le gros de la troupe des travailleurs, les chômeurs. Et pas seulement pour la mobilisation, à laquelle on doit réfléchir tout de suite, bien sûr, mais aussi pour l'action, dans les formes à trouver.

Il se tut et resta un moment songeur. Puis l'un après l'autre, il regarda ses camarades. Brusquement, il fit claquer son pouce.

— Oui, il faut forcer la main à Paris s'il le faut. Devant le fait accompli, ils seront obligés de céder... J'en suis convaincu.

Il se tourna vers Julien.

— La grève doit avoir lieu, même si elle est interdite. Toi et tes camarades du Comité, faites l'impossible.

— C'est un risque à prendre.

— Et bien, prenez-le !

— Bon, j'agirai dans ce sens à la réunion de tout à l'heure.

— Parfait... Le jour va bientôt se lever et nous n'avons pas pu aborder les autres problèmes. Tant pis, mais nous devons partir pour ne pas éveiller l'attention. La séance est levée.

Ainsi se termina la réunion. Ils échangèrent encore quelques mots avant de s'en aller. Julien s'éloigna promptement en faisant un signe d'adieu. Dominique lui dit sans se retourner :

— Tu ne nous as pas vus ! N'oublie pas !

— D'accord.

*

* *

— Est-ce que tout le monde est là ? demanda le président, quand il rentra dans la salle de réunions.

— On est tous là.

— Bien.

Il reprit sa place et ajouta :

— A propos, avez-vous dormi, camarades, avez-vous eu de l'appétit ?

Dans la situation qui était la leur, aucune nourriture ne pouvait paraître bonne à des hommes incomplètement reposés.

— Oh, j'ai peu fermé l'œil de la nuit.

— Moi, j'ai rudement bien dormi au début, tellement j'étais mort de fatigue. Mais j'ai fait un cauchemar qui m'a réveillé et j'ai perdu le sommeil jusqu'au matin.

— C'est fâcheux, mais vous paraissez quand même forts pour continuer la lutte. Il est vrai que cette grève nous donne à tous bien du souci.

Qui pouvait prévoir de telles mesures ? Le Comité de Fusion était découragé en apprenant cette décision des autorités.

— Nous ne devons pas céder ! déclara le président d'un ton calme, mais ferme.

— Derrière le régime de Youlou, il y a la France et derrière la France il y a l'armée, intervint quelqu'un. Je crains beaucoup que nous ne prenions des risques inutiles.

— Nous risquons de rencontrer quoi ? Des militaires français ? Nous n'avons pas d'armes. Ils n'oseront quand même pas tirer sur des hommes désarmés !

— Nous aurons grand tort de mésestimer le danger, assura l'intervenant. Nous ne pouvons pas...

— Mais non, mais non, coupa le président souriant. Notre manifestation sera pacifique. Je ne vois pas où est le danger.

— Que Dieu t'entende.

— Dieu n'a rien à faire là-dedans. Ils ne feront rien devant une manifestation bien organisée. Vous pouvez tenir tout ceci pour certain.

L'homme approuva d'un mouvement de tête.

— Nous devons maintenir notre grève à la date prévue. Et elle aura lieu. Si nous cédons, nous nous affaiblirons nous-mêmes. De l'autre côté, les travailleurs ne comprendront pas notre attitude.

— Tu as raison.

— Très bien, acquiesça-t-il. Il nous est impossible de convoquer les grévistes pour les informer de la nouvelle situation et demander leur avis, que pouvons-nous faire ?

— Moi je crois que nous devons prendre la décision maintenant de maintenir la grève sans tenir compte des menaces du gouvernement. Quant aux grévistes, nous savons tous qu'ils n'accepteront jamais la défaite. Alors !...

— La grève aura lieu.

— Alors nous maintenons notre mot d'ordre de grève pour le 13 août.

*
* *

Le temps passait avec ses hauts et ses bas. Les rumeurs de la grève montaient, s'élargissaient chaque jour. Cependant, les marchés vivaient ; tous les soirs, les buvettes, les dancings, faisaient le plein. On dansait, on chantait, on buvait à Brazzaville. Pendant ce temps-là, les leaders syndicaux multipliaient les réunions. Ils travaillaient dur, mangeaient et dormaient peu. Leur vie sociale ne s'organisait plus qu'autour d'influence, ou d'alliance.

Enfin le jour tant attendu arriva.

Ce mardi-là était le 13 août 1963. Le temps se levait, la ville s'éveillait, le ciel s'éclaircissait. La poussière qui couvrait les arbres et les toitures des maisons avait une teinture grise, vivante et fraîche. Les rues se peuplaient rapidement. Les gens riaient, s'interpellaient, formant un ruissellement d'ombres.

Les groupes se transformèrent en une foule en marche. On la sentait piétinante, confuse, emportée d'une seule âme.

Ces rivières humaines, confluant vers un seul point, atteignaient la place déjà encombrée depuis six heures par les vagues d'arrivants. Les rues se noircissaient. Tout d'un coup, les gens se rendirent compte que, devant eux, se passait quelque chose.

La foule dévia de son but. Les voix s'arrêtèrent... Il apparut que la petite place de la Bourse du Travail grouillait de soldats. Des blancs, des noirs, sous une même couleur d'uniforme. Ils s'étaient alignés devant le bâtiment, barrant ainsi tout accès. Figés dans une attitude raide, la figure inexpressive, ils semblaient poser.

Il y eut, pour les premiers arrivés, un moment de vague flottement de quelques centaines de gens, en recul, à cinquante ou cent mètres de la place, dans les rues. Les autres arrivants, isolés ou par petits groupes, tombaient dans cette situation hésitante. Ils étaient tout de suite mal à l'aise de ne pas être d'un bloc, de ne pas sentir chacun en soi la force de tous. C'était au contraire chacun sur soi qu'ils avaient l'œil des soldats.

Face à ce déploiement de force, les gens sentirent un arrière-goût d'injustice. Ils savaient bien que les soldats étaient capables de tout, et pourtant à chaque fois ils s'indignaient encore de les voir violer avec brutalité tous les droits, les lois, la constitution. Et dans ce sentiment de l'injustice, il y avait un peu de pitié et même de mépris pour eux-mêmes. Pouvaient-ils se laisser intimider ainsi !... Le fait même d'être coupés de la Bourse du Travail, de ne pouvoir en approcher, s'y réunir, alors qu'elle était à eux, qu'elle était la maison des travailleurs, leur donnait l'impression d'avoir perdu d'avance, de tenter l'inutile. Tous avaient ce terrible découragement. Pourtant ils restaient là.

L'arrivée de plus en plus de gens aux abords de la Bourse créa bientôt une situation nouvelle. A deux, trois cents mètres, dans la grande rue, une belle foule commença à se rassembler.

S'il était vrai que le dispositif des gendarmes était vraiment efficace pour ce qui était d'interdire l'accès à la Bourse du Travail, il relevait d'une erreur grossière de leur plan d'ensemble. Ils avaient fait comme si la Bourse du Travail était l'objectif essentiel de la manifestation, alors qu'au fond elle n'était qu'un point de départ, un point de rassemblement. Ils n'avaient pas vu plus loin que l'appel à la manifestation.

Aussi il se fit spontanément un courant dans la rue à l'arrière de la Bourse du Travail. Jetant un regard chargé de mépris sur les soldats, dont les yeux pâles reflétaient une indicible inquiétude, la foule se dirigea vers la place de la gare.

Maintenant une foule grouillante d'hommes, de femmes et d'enfants emplissait peu à peu la place, débordant au loin sous les arbres ; et des retardataires arrivaient toujours. Le flot des têtes s'élargissait jusque dans les rues avoisinantes. Un grondement en sortait, pareil à un vent d'orage.

Bientôt, il se rassembla au milieu de la manifestation une espèce d'état-major des syndicalistes. Le président du Comité de Fusion arriva essoufflé. Il avait fait le tour pour rattraper quelques grévistes par derrière et éviter de remonter seul la grande rue au nez des gendarmes. Il avait dû nager dans la foule, plus vite que le courant, la dépassant homme par homme... « pardon, camarades ». Aussitôt son arrivée, s'engagea alors une discussion entre eux. On entendait à peine leurs voix, par éclats brusques.

Autour d'eux, des hommes écoutaient, certains les poings serrés, d'autres tournant le dos.

Voyant la dispute s'éterniser, celui du milieu se redressa.

— Il faut parler... Pour bien finir. Il y a un flottement, vous sentez bien ? Et parler clairement de la situation.

— Je suis bien d'accord, dit le président.

Comme par enchantement, on ne sut jamais d'où elle vint, une caisse était déjà là, devant eux, assez haute. Le président sauta dessus, prit le haut-parleur, s'empara tout d'un coup de la foule en criant :

— Camarades ! Camarades !

La rumeur confuse de ce peuple s'éteignit dans un long soupir. Le syndicaliste dominait la foule, sa voix éclatante portait loin, emplissait la place, résonnait dans les rues.

La foule se resserra autour de lui.

L'un après l'autre, les gens se glissaient à grand'peine sur la place, s'approchaient en silence, tendaient le cou, se redressaient sur la pointe des pieds.

— Camarades ! avant de commencer, nous avons une mauvaise nouvelle à vous annoncer.

La foule retint son souffle.

— Trois de nos camarades ont été arrêtés tôt ce matin. Ils sont enfermés à la Maison d'Arrêt.

D'en bas, les bras se tendirent, les cris jaillirent.

— Il faut les libérer !

Alors l'orateur se tint un instant immobile. Il se retourna vers les deux autres. La conversation qui s'engagea se noya dans un grondement de voix excitées.

— Camarades ! Camarades ! fit le deuxième, permettez-moi de prendre la parole.

Un silence profond se fit.

— Avant de décider ensemble ce que nous allons faire à ce sujet, il faut d'abord qu'on vous dise ce qui nous a tous réunis aujourd'hui.

En réponse, la foule hurla ; puis se tut.

— Vous savez de quoi il s'agit. Le problème peut se résumer ainsi...

Il parla de la carence du régime, du comportement des

responsables politiques face à la misère générale. Il expliqua que l'action professionnelle revêtait aujourd'hui une importance politique et que le syndicalisme congolais devait être en mesure d'offrir des solutions originales aux problèmes sociaux, économiques et politiques. Il rejeta la tendance qui consistait à faire du syndicalisme une succursale ou un service social d'un Parti politique quelconque.

— Nous avions proposé au chef de l'État, poursuivit-il, un programme d'action susceptible de rendre effective l'indépendance nationale. Devant son refus d'étudier avec nous ce programme, nous lui avions demandé de remanier son équipe gouvernementale afin de la débarrasser des ministres incompétents et impopulaires, voire corrompus. Mais malheureusement, il ne veut écarter que les ministres qui sont populaires.

Sa voix sortait, rauque. Peu à peu il l'enflait et en tirait des effets pathétiques. Une de ses mains s'agrippait au tube du microphone tandis que l'autre, énorme et menaçante au bout d'un bras osseux, déchirait l'air au-dessus de sa tête. Tantôt ouverte, elle accompagnait les périodes d'un balancement d'épaule. Tantôt fermée, elle ponctuait les gestes d'une menace. Il avait une éloquence qui tenait du prône, une façon religieuse de laisser tomber la fin des phrases, dont l'accent monotone finissait par convaincre.

La foule écoutait en silence.

Son bras s'agitait lentement, entassait les étages. Il déplora la situation catastrophique que connaissait le pays depuis son accession à l'indépendance. Il dénonça l'inconscience notoire des partis politiques au pouvoir.

Il continua :

— Pour donner un caractère progressiste à sa politique, le chef de l'État avait cru bon d'inviter le camarade Sékou Touré. Mais ce dernier n'a pas cautionné sa politique. Son discours nous a beaucoup éclairés. Aussi, avions-nous redemandé au chef de l'État de remanier son gouvernement. Mais celui-ci ne veut pas se désolidariser de ses ministres. Par contre, il a préconisé la création d'un Parti unique qu'il voit dans la fusion des trois formations politiques qui existent dans le pays.

Il y eut un temps d'arrêt, puis :

— Nous avons rejeté ce Parti unique qu'il nous a proposé.

La foule, un instant silencieuse, applaudit.

— Oui, camarades ! reprit-il avec ferveur. Nous avons rejeté ce Parti unique parce que, tel qu'il le conçoit, il n'a pas de base vraiment démocratique et populaire.

— Bravo ! Bravo !

Il leva le bras dans un geste lent. Sa voix ne grondait plus. Il continua par les raisons de la grève, évoquant avec éloquence les faits.

— Les syndicalistes n'ont pas voulu cette grève, dit-il. C'est le pouvoir qui l'a provoquée. Pour lui prouver notre bonne volonté d'aboutir à un point de conciliation, nous avons fini par accepter le principe du Parti unique dès lors qu'il garantissait, non seulement aux travailleurs d'y participer en tant qu'entité organisée, mais aussi le respect des règles de démocratie, sous réserve que les comités syndicaux soient associés à tous les travaux préparatoires et de sa mise en place.

Puis, sous les visages attentifs de la foule, l'orateur énuméra les idées-force et les grandes orientations de la réunion du 9 août, chargée d'examiner l'avant-projet du statut du Parti unique.

Avant cette date, les syndicalistes s'étaient activés pour accélérer le processus. Ils comptaient, au cours de cette réunion, imposer leur vision démocratique. Sous la pression des événements, les relations entre le président et les syndicalistes évoluèrent mal. L'accord ne put être obtenu.

Le soir même, le président de la République expliqua à la Nation, par la voix des ondes, la raison d'être du Parti unique qu'il préconisait. Il entendait faire pièce à une manœuvre politique du Comité Mixte. Les syndicalistes dénoncèrent cette attitude qu'ils considéraient comme une tactique et un ensemble de faits relevant d'une dictature.

L'orateur poursuivit :

— Le chef de l'État nous a accusés de vouloir chercher des postes ministériels. Nous lui avons répondu ceci : Nous organiserons une grève générale. Si elle réussit, vous réfléchirez et en tirerez les conséquences qui s'imposent. Si elle échoue, nous conclurons nous-mêmes et nous serons prêts à accepter toutes sanctions, car il serait alors acquis que nous ne venons pas vous parler au nom des travailleurs et du peuple, mais en notre propre nom... Nous voyons aujourd'hui que la grève est totale. C'est cela... Oui, c'est bien cela même que le chef d'État redoutait. C'est pourquoi il a fait arrêter cette nuit trois de nos camarades. Voilà, camarades, les raisons de la grève.

Sa voix, rendue métallique par le haut-parleur, faisait retentir les mots d'une interminable liste : chômage, baisse du pouvoir d'achat, injustice, etc. Et maintenant, on allait restreindre les libertés ?

La situation était grave !

Un silence profond enveloppait la foule.

Il reprit d'une voix changée :

— On retournerait travailler la tête basse, et l'éternelle misère recommencerait ! Ne vaut-il pas mieux essayer de détruire tout de suite ce régime qui veut instaurer la dictature ?

Et il montrait dans la foule les travailleurs supportant à eux seuls les désastres du marasme économique dû à l'incapacité du pouvoir à bien gérer les affaires du pays.

C'était trop, le temps était venu où le peuple poussé à bout devait faire justice.

Il resta les bras en l'air.

La foule éclata en applaudissements. Sa fureur croissait à chaque instant et la voix de l'orateur était noyée dans un hurlement qui jaillissait involontairement des milliers de gosiers.

« Justice !... justice !... »

— C'est à nous de faire justice, hurla quelqu'un.

Peu à peu, l'orateur s'échauffait. Il rugissait sous le ciel gris dont l'écrasement rabattait les éclats de voix. Il n'était pas grand, mais il se faisait entendre. Puis brusquement, il conclut, sans hausser le ton :

— C'est dans ces circonstances, camarades, que nous devons prendre une décision aujourd'hui. Voulez-vous que nous continuions la grève ?

Un tonnerre lui répondit, des cris, des exclamations.

— Oui !...

— Dans ce cas, que comptez-vous faire pour triompher du pouvoir ?

La foule hurla.

— Nous exigeons d'abord la libération de nos camarades, ensuite, le renvoi de tous les ministres, cria une voix.

La foule s'anima. On entendit murmurer, puis un cri fusa, puis un autre et quelqu'un s'écria avec colère :

— Il faut bien qu'on les libère, non !

— Oui, il faut, au plus tôt, les libérer !

De l'autre côté, l'officier de gendarmerie regardait la foule ; puis il regarda sur les côtés. Et, enfin, lorsqu'il se retourna et ses compagnons en même temps que lui, partit tout de suite un grand cri, en réponse à un hip, hip, hip... Beaucoup n'avaient pas bien compris à qui il s'adressait. Aux syndicalistes sans doute...

— Hourrah ! hourrah !...

Le cri de proche en proche explosa en grande flambée, puis réchauffa. Par ce temps !

A ce moment, arrivèrent, l'air un peu inquiet, trois officiers de l'armée congolaise : un capitaine et deux lieutenants. Pour eux, l'ampleur de cette manifestation était un fait nouveau, imprévu. Il était à peu près possible de voir de quoi demain allait être fait, mais après-demain était imprévisible et cela portait à la réflexion.

— Il n'y a pas de doute. Les choses ne vont plus comme au début, dit le capitaine à ses deux adjoints. Il faudrait que les autres se dépêchent de prendre le pouvoir et qu'ils installent un gouvernement démocratique. De cette façon-là seulement les choses pourraient marcher comme avant.

Une seule idée occupait la tête du capitaine, l'espoir que soit mis fin le plus tôt possible à cette situation d'attente dans laquelle ils se trouvaient. Depuis des minutes qu'ils étaient là devant les troupes, il ne cessait de lever la tête en direction de la foule, cherchant des yeux on ne sait qui, lorsque sur la gauche là-bas, trente ou cinquante mètres dans la foule, il aperçut une silhouette qui ne lui était pas inconnue. Largement à l'écart, comme participant en cachette à ce meeting, l'homme était bien calé sur ses courtes jambes. A un moment, il s'adossa contre la clôture, respira, regarda au loin les gendarmes. Puis s'étirant un peu, avisant la foule qui bouchait le paysage environnant, et l'orateur, il eut un long soupir auquel il sut donner un ton amusé.

D'abord, le capitaine hésita, pris de crainte, puis il ne put résister au besoin insistant de savoir ce qui se passait. Il eut du mal à se frayer un passage vers Thomas.

— Qu'est-ce qui se passe ? demanda l'officier un peu nerveux, lorsqu'il arriva à côté de lui.

Thomas le regarda avec un étonnement qui se nuançait de sympathie hésitante. Il était donc capable, celui-là, de venir jusqu'à lui au risque de se faire bousculer par les manifestants ? Ce rapprochement frappa vivement son esprit.

— Ne bougez pas, vous autres, dit enfin Thomas. C'est nous qui sommes derrière tout ça.

Et il lui expliqua en quelques mots.

Surpris, l'officier se passa une main sur son front un peu dégarni, et dit résolument :

— Vous croyez réussir ?

— Ecoutez, capitaine, j'insiste sur votre responsabilité de ne pas faire de l'armée congolaise un outil contre le peuple à l'image de l'armée française. Je vous demande seulement d'être à l'écart, le reste, laissez-nous faire.

— Dans ce cas, dépêchez-vous de régler cette affaire et qu'on en finisse une fois pour toutes. Mais qui allez-vous mettre à la tête de l'État après lui ?

— Nous avons un nom que vous saurez très bientôt. Pour le moment transmettez la consigne à vos soldats. Ils ne doivent pas intervenir.

— Allons bon ! grommela l'officier. Je vais voir avec mes gars.

Il se retourna et jeta un dernier regard du côté de l'orateur. Puis il serra la main de Thomas et s'en alla.

En revenant devant sa troupe, il fit signe à ses adjoints qui s'approchèrent. Il leur chuchota quelque chose à l'oreille. Ceux-ci clignèrent de l'œil, regardèrent fixement leurs hommes en uniforme et firent oui de la tête. Les deux lieutenants allèrent raconter la chose en deux mots aux hommes qui formaient l'embryon de l'armée congolaise.

Puis à leur suite, les officiers et leurs hommes quittèrent la place, en laissant seul, face aux manifestants, le corps de la gendarmerie française.

Aussitôt, plusieurs voix crièrent assez distinctement :

— Li-bérez nos ca-marades ! Li-bérez nos ca-marades !

Tout le monde criait. Puis quelqu'un ajouta :

— Mort aux gendarmes !... Vive le Congo libre !...

C'est au moment où ils sentirent une poussée beaucoup plus forte et plus menaçante que les gendarmes qui, jusque-là tassés devant la Bourse du Travail, firent mouvement en direction de la foule insolente. Ils se déployèrent dans le fond, de l'autre côté de la rue qu'ils traversèrent, puis la longeant, s'échelonnèrent en travers.

Ils cherchèrent à endiguer cette foule énorme, sans cesse gonflée d'apports nouveaux, qu'il s'agissait de faire filer sur Poto-Poto.

La masse des grévistes commença à se mouvoir sur la barrière transversale des troupes en scandant :

— Li-bérez nos ca-marades ! Li-bérez nos ca-marades !

Les gendarmes avançaient, repoussant brutalement la foule. Quelques-uns allèrent tout contre, et commencèrent à engager la bagarre avec les premières lignes des gendarmes, poitrine contre poitrine, les fusils levés au-dessus de leurs têtes.

— Arrêtez-vous ! cria l'un des responsables syndicaux, bousculé dans le flot humain. Ne cédez pas à la provocation... Attention, c'est une provocation !

L'appel fut noyé dans leurs cris rauques et menaçants.

La foule commençait à résister. Elle poussait, avançait à son tour pour refouler les troupes dans le fond de la rue d'où elles venaient, sans les lâcher. Elle avançait quand les gendarmes se repliaient. Elle courait à la rescousse là où ils provoquaient ou frappaient. Le rythme de la mêlée se précipitait. Tout redoublait d'intensité, tout hurlait, tout explosait. Confusion et fracas.

Une demi-heure avait suffi pour changer l'aspect de la place. Les détachements de gendarmes lancés dans toutes les directions à travers la place grossissaient maintenant. La foule était comme bouclée de tous les côtés. Par quel bout pourraient-ils l'attraper, la redresser ?... Par aucun, peut-être. Elle lançait déjà de tous côtés comme des tentacules les camarades un peu excités. On ne savait plus par quel bout la prendre. Qu'on l'attrape n'importe où, les gendarmes avaient l'impression qu'elle leur échappait aussitôt, qu'elle leur glissait entre les mains. Il faudrait une direction. Mais ils ne la sentaient pas comme d'ordinaire.

Ils étaient pris plus que jamais dans cette rage des mains nues.

A un moment donné, les gendarmes s'arrêtèrent. Ils ne pouvaient pas s'éloigner ainsi de leurs bases, avec dans leur dos tout ce terrain occupé par les manifestants en colère.

A cet instant, les bombes lacrymogènes pétèrent de tous les côtés. On entendait sonner les crosses et claquer les bretelles sur les fusils.

Dans l'air vicié qui passait et repassait par les poumons, montait un flot de terribles jurons. Tout un côté qui s'était détaché du reste pour aller au devant des troupes recula dans un désordre effrayant.

Dès qu'ils sentirent un début de contre-attaque, les gendarmes se replièrent en vitesse vers la rangée qui barrait le fond de la rue, et que la foule n'était pas en état d'affronter. Ils essayèrent de se regrouper sur les flancs pour revenir coincer la foule de chaque côté par les rues adjacentes, pour la couper et encore isoler les plus avancées.

C'est dans la dernière des trois rues que Paul reconnut Fidel. Il était loin en compagnie de Jean-Claude, à un endroit plutôt agité.

— Dis donc ! Fidel ! Fidel ! Tu n'as pas vu Henri ?

Paul fit le geste du bras, en écharpe. Mais Fidel avait compris.

— Non ! dit-il. Mais ne reste pas là.

Les gendarmes chargèrent.

Paul évita une grenade lacrymogène qui glissa entre ses jambes, sauta sur le côté, mais il fut bousculé ; presque rien, juste un petit coup à l'épaule. Pourtant il trébucha et tomba de façon tout à fait inattendue, stupéfiante. Il ne comprit ce qui lui arrivait que lorsqu'il se sentit glisser, dans le trottoir, sur plus d'un mètre de long. Il se mit debout. Avant même de se relever, son corps fut secoué par le rire, mais il ne proféra aucun son. Il se releva vite, frotta son genou, recula dans la foule, en cherchant déjà des yeux Fidel et Jean-Claude. Ce fut malgré eux, mais la chute leur parut si drôle qu'ils éclatèrent d'un rire homérique. Dès qu'ils s'arrêtèrent pour prendre haleine, Fidel demanda :

— Tu n'as rien eu ?

Paul se déplaça sur le côté et répondit :

— Non.

Il souleva un bras et une épaule pour respirer, amplifia le geste et, dans le bref instant où il pivota sur lui-même, avant d'achever son tour et de reprendre son rythme, répéta :

— Non. Je ne sens aucune douleur. C'était plutôt un coup de coude de quelqu'un qui courait.

Aussitôt, Fidel repartit d'un gros rire avec gaieté, se tenant les côtes.

— Paul ! s'exclama-t-il, les larmes aux yeux. Ah ! Ah !

Et il éclata de nouveau.

Se calmant peu à peu, il essuyait ses yeux, sans cesser de regarder Paul, d'un air amusé.

— Excuse-moi, vieux, dit-il, cela est plus fort que moi !

— J'aimerais bien te voir à ma place !

— Je n'y tiens absolument pas.

— Ah !...

— Et Simon ?

— Simon ! Il doit être dans l'autre rue. Tu ne peux pas y aller.

— Pourquoi pas !

— Non, mais, tu es fou ! Il y a des gendarmes partout.

— J'y arriverai bien par derrière.

Il se glissa entre les gens et disparut dans la foule.

*
* *

Ce même jour, très tôt, le président de la République s'éveilla dans une sorte de panique. Une sonnerie retentit contre sa tempe et elle fut brutale. Il eut besoin de quelques secondes pour comprendre. C'était le téléphone posé sur la table de chevet. En décrochant l'appareil, il se sentit pris d'un grand trouble. L'information que lui communiqua le ministre de l'Intérieur l'accabla : les syndicalistes venaient de décider le maintien du meeting malgré l'interdiction et la présence des troupes.

Il avala péniblement sa salive. Sa gorge et ses lèvres devinrent sèches, sa bouche amère. Il reposa l'appareil. S'étant levé, il marcha çà et là. Il tira les rideaux. Sonna.

La porte s'ouvrit. Il leva le regard vers l'intendant qui l'observait à l'autre bout de la pièce, pour lui commander le petit déjeuner. Puis gagna la salle de bain. Lorsqu'il eut fini, il alla au salon où il s'assit près de la table et y appuya ses mains. Il regarda sa montre.

Il était 7 heures.

On frappa à la porte. Il dit machinalement d'entrer. L'intendant posa sur la table un plateau chargé d'une tasse, d'une cafetière, du beurre, du sucre et des petits pains, puis se retira.

Le président enveloppa le tout d'un regard inexpressif. Un gros soupir sortit de sa poitrine. Ses mains retombèrent à ses côtés. Il se leva et fit les cent pas dans la pièce. Il revint vers la table et but une gorgée de café. Puis alla dans son bureau.

A partir de ce moment, des messages accouraient, des dépêches tombaient sur son bureau. Les nouvelles qu'il recevait devenaient plus graves à chaque minute.

Jusque tard dans la matinée, il dicta des ordres, téléphona de tous côtés, aux ministres, au préfet, au chef d'État-major de l'armée française, prévenant la Garde présidentielle, demandant des renforts pour la capitale. Lorsqu'il s'arrêta, il convoqua le Conseil des ministres.

Ils étaient là, dans la salle de réunions, dans leurs costumes stricts et sombres. Cette réunion à laquelle ils étaient conviés les embarrassait. Ils étaient arrivés sans échanger un mot entre eux. En arpentant le hall de la présidence, ils se sentirent exaspérés par la situation. Ils ne purent dominer leur angoisse lorsqu'ils virent le président afficher un visage grave.

Il traversa la salle en vitesse, ayant son directeur de cabinet, puis son secrétariat sur ses talons. Mais il ne les voyait pas. Il gagna sa place et se laissa tomber dans le fauteuil. Il garda quelques instants le silence pour s'habituer à l'atmosphère, puis lâcha comme une rafale de fusil :

— Mes amis, nous voilà dans de beaux draps...

La phrase était suivie d'un regard circulaire. Chacun retenait son souffle. Ils comprirent le ton acerbe du président : le pire était arrivé.

Il réfléchit un moment puis :

— Il n'y a pas seulement la situation sociale, il n'y a pas seulement les ouvriers, il y a aussi les syndicalistes.

Pas un seul des auditeurs n'osa bouger.

— Il s'est fait ainsi que, poursuit-il, par votre irresponsabilité à tous, vous avez laissé se former dans les entreprises et dans le pays de drôles de groupes de plus en plus assurés de leur solidarité avec les syndicalistes. Vous me suivez ?

Il attendait qu'on lui réponde, et comme tous se taisaient, il continua :

— Bien. Tous ces groupes constitués dans les grandes villes se soudent et qu'est-ce que vous voyez ? Car il vous faut ouvrir les yeux aussi sur l'ensemble du pays, du mécontentement général qui s'y développe. C'est important, c'est même urgent. Vous voyez que s'est constituée une force occulte qui pèse sur le pays. Vous connaissez la ville et vous savez au moins qu'il existe dans Brazzaville des communistes. Ils sèment leur idéologie dans les entreprises. Leurs idées marxistes se développent surtout à Brazzaville et Pointe-Noire, Messieurs les ministres. Et là-dessus, vous allez, enfin je l'espère, vous allez comprendre qu'il est très désagréable qu'un pays comme le nôtre tombe entre les mains des communistes. C'est même dangereux...

— Je ne vois pas où nous arrivons, Monsieur le président, dit l'un des ministres.

— Il vous faut du temps ! Réagir, ça veut dire empêcher ces communistes de prendre le pouvoir. En arrêtant un par ici, un par là, ça finira par faire des trous. Ces agitateurs ne sont pas nombreux. On les connaît tous. Les travailleurs ne font grève que par les initiatives de ces syndicalistes. Enlevez-leur les agitateurs et il n'y a plus de manifestation, ni de grève.

— Ce n'est pas en les mettant en prison que vous les ferez changer d'avis.

Le président eut un instant d'incertitude. Il se sentit si déprimé par la tristesse désespérée de cette situation, qu'il les accusa tous. Puis il reprit ses sens, reconnaissant qu'il avait été injuste, et en venait à se blâmer. Mais cela n'arrangeait rien non plus.

— Je voudrais bien trouver la meilleure solution, dit-il. Ce n'est pas aussi simple que cela en a l'air. En les mettant en prison pendant quelque temps, ça nous laissera au moins le temps de nous ressaisir.

Il se tut. Il laissa passer trois bonnes minutes, pendant lesquelles il ne prononça pas une syllabe, les autres non plus. Nulle réflexion ne fut risquée. Un silence plus expressif que toutes les réflexions leur pesait sur la bouche à tous.

Ils attendirent la suite. Enfin, il continua :

— Messieurs les ministres, je vous ai fait venir pour vous parler de la situation actuelle. Je vous ai dit ce que j'ai fait et je n'en suis pas satisfait. Je ne veux pas entrer dans les détails pour vous exposer toute la situation... Moi, je vous mets seulement une condition : suivre attentivement l'évolution des événements... Nous nous retrouverons ici demain, à la même heure pour faire le point... Je crois que nous nous sommes tout dit pour aujourd'hui. Maintenant, si vous le voulez bien, j'aimerais m'entretenir avec Monsieur le ministre de l'Intérieur, en privé.

Les ministres se pressèrent pour serrer la main du président.

Lorsqu'ils furent sortis, le président exécuta un premier mouvement, s'avança sur son fauteuil, se pencha pour se concentrer et fixa son ministre.

— Cher ami, j'ai pris bonne note de votre rapport sur la situation actuelle du pays. Mais il faut savoir ce que l'on veut. Ce que vous voulez, vous, c'est sauver votre propre tête. Ce que je veux, c'est sauver un système qui vous a fait ce que vous êtes, vous lie et vous dépasse. Qu'est-ce que ça peut bien me faire, après tout, que ma position soit ébranlée et même perdue si l'ensemble du système se maintient ? C'est clair, vous me proposez dans votre rapport de composer avec l'adversaire, je dirais même avec ces communistes à la solde de Moscou, en considération de nos difficultés personnelles. Mais il ne s'agit pas de nos difficultés personnelles, il s'agit d'un ensemble et de sa cohérence. Il s'agit de décider si je prêterai la main au sauvetage de nos postes par une compromission d'une nature dangereuse pour le pays. Je vous répète que je ne le ferai pas. Ce n'est pas moi qui laisserai grignoter par les communistes déguisés en syndicalistes le système capitaliste à quoi ils doivent d'être ce qu'ils sont encore. Vous m'entendez, Monsieur le ministre.

Le ministre vautré dans le fauteuil, et qui y pesait à la façon d'un homme fatigué, se redressa avec quelque peine et dit :

— Monsieur le président, l'affaire n'est pas aujourd'hui d'être pour ou contre les deux systèmes que vous venez d'évoquer. Elle est d'empêcher la constitution d'un mouvement idéologique marxiste qui commence à tenter certains syndicalistes. Je dis bien certains, car ils ne sont pas tous animés de la même conception idéologique.

— Mon cher ami, dit le président, en se calant le dos dans le dossier du fauteuil, en appuyant son menton sur son poing. Nous sommes en général d'accord sur la conduite à prendre, parce que le problème ne se pose pas autrement, et tel qu'il se pose aujourd'hui, il est lourd de conséquences. La grève par son caractère de généralité expose le pays à un danger économique d'autant plus redoutable qu'elle se produit en période de transition et que les grévistes exigent l'adoption immédiate de nouvelles conditions sociales trop peu étudiées pour être appliquées en bloc et sans délai. Dans ces conditions, les revendications formulées, malgré leur importance, ne rendent pas légitime le déclenchement de la grève, d'autant plus qu'elles auraient sans doute reçu graduellement satisfaction sous le gouvernement actuel. Ce qui est plus grave, c'est que le véritable but de la grève n'est pas professionnel. Il est politique et révolutionnaire. Non, sans doute, dans la pensée des travailleurs, mais sûrement dans l'intention des meneurs. Nous devons agir donc très vite.

— Oui, Monsieur le président.

— Vous spécialement, vous devez vous battre sur deux fronts, en particulier sur celui des leaders syndicaux.

— Cette question est subordonnée à l'autre, Monsieur le président. Je ne puis l'aborder que lorsque j'aurai mis en place les pièces de ma première partie. Ce sont deux échiquiers où manœuvrer. Aucun pion ne peut se déplacer à l'aveuglette. Et le premier atout se rencontre dans l'information. Pour aller vite, dans le moment présent, le chemin des grévistes passe par les syndicalistes. C'est sûr.

— C'est un coup possible, on peut le considérer.

— Merci, Monsieur le président.

Le président changea de position, agita quelque peu sa main et dit :

— Je ne vous propose pas une tâche facile.

— Monsieur le président, je vous sais gré de la confiance que vous me témoignez. Le principe est proche de celui-là même que je considère comme raisonnable pour notre pays. Cependant vous n'attendez pas de moi que j'accepte une mission de pareille importance sans m'être interrogé sur les possibilités que j'ai de bien la remplir. Vous m'accorderez le loisir de cet examen.

Le président baissa la tête, réfléchit un moment. Il avala sa salive et s'humecta les lèvres ; puis il eut un mouvement délibéré qui lui fit relever le menton et, d'une voix plus affermie, il dit :

— Vous n'avez pas le temps de réfléchir.

Il se leva et ajouta :

— Nous nous reverrons demain. Mais je tiens à ce que je sois informé de la situation toutes les heures.

*
* *

Place de la gare, on entendit de nouveaux coups de feu. Un long hurlement de colère fit frémir les feuilles des arbres autour.

La colère, l'exaltation et la haine s'emparèrent de la foule. C'était un sentiment passionné. Petit à petit, ce sentiment devint une prédisposition de révolte qui la jetait dans une lutte contre les injustices et le pouvoir.

Les esprits étaient montés. Les discussions allaient leur train. L'accord ne régnait pas sur l'attitude à prendre face aux gendarmes. En même temps, les syndicalistes s'employaient de leur mieux à raisonner ceux qui tenaient à l'affrontement.

— Assez ! Rentrez chez vous !

On ne les écoutait pas. Au même moment, de grands cris s'élevèrent du côté opposé où se trouvaient les gendarmes, dominant le tumulte.

« A la Maison d'Arrêt ! »

Il y eut un frémissement. La foule recula, saisie.

— Quoi ?...

Les cris continuèrent :

« A la maison d'Arrêt ! »

Un grand remous se produisit. Une secousse emporta la foule. Le gros de la manifestation glissa brusquement sur le côté, tourna le dos aux gendarmes et à la place de la gare, enthousiaste de trouver une direction claire, un but précis vers lequel tourner toute sa force.

— A la Maison d'Arrêt !

La galopade se fit dans l'autre sens.

— Tous à la Maison d'Arrêt pour libérer nos camarades ! hurla une voix.

— Oui, allons-y tous ! répondirent d'autres voix.

Les syndicalistes avaient-ils attendu une minute de trop pour décider ? Toujours est-il que la foule s'ébranla en dehors d'eux. Elle trouva un mouvement à elle d'abord incompréhensible. Elle sembla glisser sur le côté comme pour déborder les gendarmes.

En quelques minutes, la place de la gare se vida et tomba brusquement dans un grand silence. Tandis qu'au loin, un bruit confus montait, le bruit de milliers de voix humaines.

La foule, par la grande avenue toute bordée de manguiers résonnait comme une gorge immense avec la force accrue du torrent qui roule.

Allongeant toutes leurs jambes, les femmes et les enfants avançaient au rythme des hommes dans une confusion de troupeau. Le pâle soleil de fin de matinée projetait ses ombres obliques dans la grande avenue.

Une voix chanta.

Le chant traversa l'avenue, bientôt repris par d'autres. L'avenue résonnait. Elle chanta sans arrêt, strophe après strophe, refrain après refrain. Les grévistes avançaient en bloc. Ils marchaient serrés, comme au combat, vers la prison.

Quand ils arrivèrent devant la Maison d'Arrêt, c'était depuis cinquante mètres un de ces silences entre deux mots d'ordres criés, rompu seulement par le moutonnement des pas sur le sol.

— Regardez ! cria une voix devant, ce sont encore des gendarmes. Ils prennent position partout.

Les gendarmes étaient massés devant la prison, pour en interdire l'accès à la foule. Quand celle-ci eut pris une vingtaine de mètres de champ, un officier blanc sortit du rang. Il se planta devant et cria :

— Qu'est-ce que vous venez chercher par ici ! Allez, foutez le camp.

La foule s'arrêta.

— Il y a des syndicalistes à l'intérieur, cria quelqu'un. Faites-les sortir.

— Non, ils n'en sortiront pas.

Il y eut des poussées et des grondements dans la foule.

— Nous les sortirons par la force.

— C'est ce que nous allons voir.

Aussitôt, la foule avança. Le cordon de gendarmes se resserra. L'officier ne voyait que des visages échauffés, des yeux brûlants de fureur. Il enveloppa cette masse d'hommes du regard sévère de ses yeux étroits, gris d'acier et cria d'une voix rude :

— Halte ! Vous ne passerez pas !...

Les derniers mots se perdirent dans des huées sonores. On le menaça du poing.

— En arrière ! En arrière !

Il y eut d'abord un recul, un profond silence. Un cri s'éleva :

« Vive le Congo !... »

La foule hurla :

« Libérez nos camarades ! »

Une clameur monta.

Le regard impassible, armés de leur attirail, casque, fusil, boîte à masque, sac à grenades, les soldats durcirent leur position.

En face, la foule s'agita de plus en plus. Et, sans s'être concertés, tous eurent la même idée en même temps. En moins de deux, emportés d'un même élan, d'un même besoin d'agir, tous se mirent au travail. La moitié des pavés étaient arrachés, élevés en petits tas par-ci, par-là. Bientôt, chacun eut dans la main ce qu'il voulait comme munition.

On se planta face aux gendarmes, le plus serré possible contre les autres. Et chacun aussi se tenait serré en lui-même, les dents, les poings durcis.

Un triple jet de pierres, sema une telle confusion que l'assaut ne fut guère plus qu'une formalité.

Tous s'excitaient. Des hommes, des femmes couraient et revenaient les mains chargées. Des enfants eux-mêmes entrèrent en action. C'était une grêle de claquements sourds qui s'abattait sur la prison.

Devant, la troupe de gendarmes grondait d'impatience, roulait des yeux brillants de colère.

Trois fois, le capitaine fut sur le point de commander le feu, de tirer en l'air pour disperser les manifestants. Une angoisse devant cette foule en colère l'étranglait. Une lutte interminable heurta en lui des idées, des devoirs, toutes ses croyances d'homme et de soldat. Il avait l'ordre de protéger la prison où l'on parlait de tout saccager. C'était cela qu'il faisait. Et, maintenant que des pierres éraflaient déjà la façade du bâtiment, il cherchait, sans la trouver, sur quelle proie légitime il devait lancer sa troupe, afin d'éviter de plus grands malheurs.

La pluie de pierres redoublait et le capitaine, las de se protéger, ouvrit la bouche. Il allait crier : « feu ! » lorsqu'une pierre vint briser la visière de son képi. Des gouttes de sang coulèrent de son front. Il dégaina.

En une seconde, la foule se figea, incrédule.

C'était bien cela.

Un révolver.

Le pistolet aboya, trois fois dans la foule soudain rejetée en arrière, parcourue de bout en bout d'un spasme de douleur. Des cris de mort, d'angoisse et de fureur créèrent un contre-point étrange au tumulte qui ne cessa de remplir les lieux.

Deux délégués du personnel qui étaient en tête du groupe s'écroulèrent l'un sur l'autre, aux deux premiers coups, Massamba frappé à la face, Ntiété frappé en plein cœur.

Le premier, foudroyé, s'était abattu tout raide en craquant comme un fagot de bois sec et ne bougeait plus. Du sang brillait près de sa tête. Le second vira sur lui-même et tomba sur le premier, face contre terre, la bouche baveuse d'une écume sanglante.

Hébétés, tous regardaient les masses sombres des cadavres à leurs pieds. C'était le silence, un grand silence calme devant l'action. Et juste à cet instant, comme le ciel depuis quelques heures s'éclairait chaque minute davantage, le soleil apparut, timide, entre deux nuages.

Le pistolet du capitaine tira encore.

Cette troisième balle, Lenda la reçut dans le ventre. La douleur lui arracha un cri que les gens n'oublieront jamais. Il était faible et long, long, avant de finir dans une sorte de hoquet. Il porta les mains à son ventre et ses yeux se tournèrent vers des dizaines de silhouettes qui s'agitaient autour de lui. Tout à coup, son regard globuleux devint fixe, ne vit plus rien. Le capitaine réajusta son képi, boucla son arme. Pendant ce temps, la bouche entrouverte dans une crispation de douleur, le corps oscillant, Lenda se figeait, halluciné, absent. Il s'abattit d'un bloc aux pieds d'une femme.

Le regard figé fixait toujours la foule. Ses doigts ensanglantés tâtonnèrent un instant, puis s'échappèrent doucement, frêles et presque froids. Sa joue heurta le sol. Il était mort.

Sous son corps, il y avait une énorme flaque noire et l'odeur du sang montait du sol, plus forte que l'odeur fraîche des herbes. Mais ce qui était le plus bouleversant, c'est que l'homme, avant de mourir, avait étreint une dernière fois là où le projectile était entré.

Le cœur de la femme fut secoué d'une étrange émotion. Quand elle l'avait vu tomber par terre, elle avait cru sentir la douleur dans son propre corps. Ce fut la foudre ! Mais la foudre ne la tua pas. Elle ne s'évanouit point, elle ne cria pas. Elle resta muette et pétrifiée, dans un état d'horreur, d'où elle ne sortit que par un déchirement de tout son être. Elle regarda l'homme par terre et sentit brusquement qu'on lui ouvrait la poitrine et qu'on lui arrachait le cœur. Hélas ! Ce n'était pas à elle qu'on l'arrachait : c'était à Lenda, à ce cadavre de Lenda qui gisait à ses pieds.

C'était une jolie femme, énergique, de taille moyenne, qui semblait être faite pour l'héroïsme. On n'eût jamais imaginé, à voir sa silhouette forte et courageuse, qu'elle fût capable de tant d'émotion, d'un tel oubli de soi, ni qu'elle fût si fragile. Mais elle n'avait pu résister à l'horreur de la mort. Elle tomba à genoux tout de suite près de Lenda et tourna la tête dans tous les sens.

Elle était couverte de sueur malgré la fraîcheur de la saison sèche. Les cris venant de la gorge étaient presque étouffés par l'émotion. Elle gardait la bouche ouverte. Les larmes lui faisaient deux raies profondes aux ailes du nez. Sa langue tremblait.

Elle prit la tête dans ses mains, mais il était mort. Alors, elle ressentit la douleur que ne sentait plus le cadavre au ventre troué qu'elle tenait dans ses bras.

Des femmes pleuraient, des enfants hurlaient. Mais elle, elle tenait toujours la tête de Lenda dans ses bras et regardait le visage immobile du mort. Elle ne voyait pas le visage, mais seulement l'immobilité tendue du visage.

Quelque chose l'étranglait et empêchait ses larmes de monter. Personne ne pensa à lui retirer le corps inerte. On eût dit qu'il était son frère ou son mari.

Elle se leva lorsque les ambulanciers vinrent chercher les corps.

— Il est mort aussi, dit-elle doucement.

C'est seulement à ce moment que son visage se mouilla de nouveau de larmes. Elle éclata soudain en sanglots, quelques soupirs étouffés répondirent.

Ils étaient morts pour leur pays, morts pour la liberté. Devant des gendarmes aveugles.

Les détonations des coups s'étaient perdues loin en un formidable écho. Elles avaient retenti jusque dans les quartiers populaires. Tout semblait terminé.

L'accalmie ne dura pas.

Brusquement, la place s'échauffa.

Les ombres noires de la foule formèrent un remous écumant qui se rua soudain de tout son poids énorme et anonyme sur la barrière des gendarmes. Ces derniers, la main crispé sur le fusil, défendaient chaque centimètre autour de la porte d'entrée. Mais la poussée était trop forte. En quelques instants, le barrage fut emporté. Comme un torrent, la foule brisa la digue et se précipita à l'assaut de la prison.

— En avant ! cria quelqu'un.

Un chœur de cris répondit.

Tous se jetèrent en avant, déchaînés, glissant, tombant, se relevant, courant, courant encore.

— Repliez-vous, lança le capitaine à ses hommes dans un mouvement de main. Tous aux camions.

Il reculait comme une petite bête. Mais il était adossé au mur. Il bondit sur le côté derrière ses soldats en fuite, feinta, esquiva deux manifestants. On lui courut après sans espoir. Il grimpa dans le camion à une allure irréelle et donna l'ordre de regagner la caserne. Le convoi démarra aussitôt et disparut dans un nuage de poussière. La voie de la prison était libre.

A l'entrée, les manifestants se mirent à marteler la porte de la prison. Quelqu'un cria :

— Dehors le directeur !

A l'intérieur, les gardiens tournèrent leurs visages livides et décomposés.

Dans la foule, une voix commanda :

— Ouvrez cette porte !

L'un des gardiens saisit craintivement la poignée, tourna la grosse clé dans la serrure et la porte de fer s'ouvrit largement. Les manifestants s'élancèrent à l'intérieur.

— Monsieur le directeur n'est pas ici ! risqua le gardien en tremblant.

— Ta gueule.

— Où sont les prisonniers ?

L'homme montra du doigt le bâtiment en face.

— Alors, viens...

Ils le traînèrent en face de la cellule.

— Maintenant ouvre la porte.

Le gardien prit les clés accrochées à sa ceinture, mais n'arrivait pas à introduire la bonne clé dans sa serrure. Ses mains tremblaient. L'un des manifestants lui arracha le trousseau des mains et ouvrit toutes les portes. Quelques secondes à peine avaient suffi, pour qu'un nombre impressionnant de prisonniers de droit commun se soit échappé.

La lumière du couloir éclaira la figure souriante du premier, puis du deuxième, puis du troisième syndicaliste. Ils se dévisagèrent. En une fraction de seconde, ils avaient interprété leur libération. Ils s'embrassèrent.

Respirant à pleins poumons l'air merveilleusement enivrant de la liberté retrouvé, tous trois marchèrent d'un pas ferme dans le couloir sous l'alignement de petites ampoules nues. Leurs pas résonnaient dans un écho harmonieux que seuls les bruits du dehors atténuaient.

Lorsqu'ils apparurent, une joie souleva la foule entassée au coude à coude dans la cour et à l'entrée.

« Vive le Congo ! Vive le Congo ! » hurlait-elle.

Quelqu'un lança :

— Hip, hip, hip...

— Hourrah ! hourrah !

— Merci, merci, camarades.

Lorsqu'il y eut un peu de calme, les syndicalistes décidèrent de se rendre à la Maison de la Radio pour y diffuser un message.

La foule s'agita et se remit en marche.

Au moment précis où le président, seul dans son bureau, refaisait le point de la situation, maudissant les syndicalistes de lui apporter autant de complications, alors que toute leur activité ne devait se limiter qu'à la défense des intérêts des travailleurs, dans le cadre strictement professionnel et non politique, le téléphone sonna.

Il décrocha.

Le ministre de l'Intérieur était en ligne.

— Je vous écoute. Des ennuis ?

En quelques mots, le ministre résuma la situation. Le président l'écouta sans l'interrompre, puis reprit :

— En somme, si je vous comprends bien, les trois hommes sont morts !

— Oui, Monsieur le président.

Il pâlit.

Puis, après quelques secondes de silence, il demanda :

— Devant la Maison d'Arrêt, dites-vous ?

— C'est bien cela, Monsieur le président.

Comme le président restait silencieux au bout du fil, il ajouta :

— La situation devient de plus en plus grave, Monsieur le président. Les manifestants se dirigent maintenant vers la Maison de la Radio.

La voix dénotait une certaine agitation.

Le président le laissa parler et ne posa pas de questions.

— Allo !... Vous m'entendez, Monsieur le président ?

— Je vous entends. Continuez, je vous prie.

— Il faut faire quelque chose... Que voulez-vous que je fasse ?

— En effet, dit le président.

Il répéta :

— En effet. Des choses aussi sérieuses ne se décident pas au bout du fil... Venez ici le plus vite que vous pourrez pour faire d'abord le point de la situation. Je vais faire appeler aussi le vice-président, les ministres de la Défense et des Affaires étrangères pour qu'ils participent à la décision.

— Oui, Monsieur le président.

Il raccrocha.

Il appuya les coudes sur les bras du fauteuil et son menton reposa sur ses mains dont il avait entrelacé les doigts.

La nouvelle des trois morts accentua le malaise qu'il ressentait depuis le matin. Jamais auparavant il n'avait été assiégé par pareilles angoisses. L'esprit était préoccupé. Non seulement par la tournure que prenaient les événements, mais aussi par le fait que l'espoir de sa stabilité politique fuyait déjà au loin. Maintenant, un dangereux compte à rebours était engagé, qui opposait des intérêts supérieurs de l'État à ceux du mouvement syndical.

Il resta un long moment assis devant sa table, impuissant à maîtriser cette méditation rongeuse qui semblait se poursuivre de son propre élan, se nourrissait indifféremment de tout souvenir : nom, image, hypothèse qu'elle rencontrait sur sa route et propageait l'incendie dans toutes les directions à la fois. Puis un redoutable silence se mit à gronder entre ses tempes. Très vite, ses paupières battirent, deux fois, trois fois.

Il renifla.

Il s'aperçut qu'il s'était peu à peu courbé. Il se redressa rudement et se leva. Il marcha de long en large dans le bureau avant de s'arrêter enfin devant la fenêtre.

Il observa le ciel.

Sans trop savoir pourquoi, il aspira profondément une bouffée d'air. Quand il se retourna quelques instants plus tard, il eut un mouvement, tant il se sentait maintenant vidé, de se laisser tomber dans un fauteuil proche.

Il réagit avec colère.

Quittant sa fenêtre, il revint devant son bureau, fit demi-tour et quand même se réinstalla. Il rangea d'un geste indifférent, dans un tiroir, quelques dossiers. Il se rejeta en arrière, et, les mains sous la nuque, regarda le plafond et ses ombres.

La situation était difficile, il ne voulait pas l'aggraver davantage. Il ne voulait pas non plus céder sur tous les points. Il fallait faire des sacrifices, mais tout avait des limites. De plus, un refus brutal, à la négociation avec les délégués, aurait des conséquences imprévues dans les heures à venir.

— Le meilleur moyen d'apaiser les esprits, se dit-il tout haut, c'est de les rencontrer.

*
* *

Le président attendait fiévreusement.

Il avait fait prévenir ses ministres que la réunion était d'une urgence prioritaire. Le bouleversement du calendrier fixé avertissait de la gravité de la situation.

Les ministres arrivèrent presque en même temps. La ponctualité était de rigueur. Le président n'hésita pas à leur faire partager la mauvaise nouvelle.

Lorsqu'il eut finit, il attendit vainement une question, mais les ministres ne disaient rien. La salle était tombée dans le silence. Seul le bruit lointain des automobiles rampait le long des étages du Palais silencieux et se glissait par les fenêtres ouvertes.

Enfin, le président rompit le silence :

— Quelqu'un a-t-il quelque chose à dire ?

Les ministres se taisaient toujours.

— Bien, fit le président en poussant un grand soupir.

Se tournant vers le ministre de l'Intérieur, il poursuivit :

— A vous Monsieur le ministre, voulez-vous nous lire votre rapport sur les événements, je vous prie.

Le ministre qui s'attendait à cette demande sortit de sa serviette le rapport et commença son exposé. Le président, gravement assis dans son fauteuil, regardait le mur et ne disait mot.

Lorsque le ministre eut fini sa lecture, le président ouvrit la bouche :

— Comme vous venez de l'entendre, la situation est grave. Nous devons tous ensemble réfléchir pour trouver des solutions qui ramèneront le calme dans la capitale.

— La cause principale de la situation actuelle ce sont les manifestants, intervint le ministre de l'Intérieur. Si nous parvenons à les contrôler, nous aurons gagné.

— En effet, dit le vice-président. Mais pensez-vous que nous arriverons à neutraliser les syndicalistes ?

— Il nous faut prendre de l'initiative...

Le ministre parlait le langage de l'audace. Le président le laissa poursuivre.

— Il était imprudent de tuer... mais il est trop tard pour revenir en arrière. Si nous ne parvenons pas à contrôler la situation, il nous faudra alors espérer que la nuit ramènera les gens à la raison... et prier pour que cela ne dégénère pas en émeute. Pour ma part, j'estime que nous ne pouvons pas attendre ainsi.

— Vous n'avez pas à estimer, c'est l'assemblée qui estimera.

— Bien... Quels sont les ordres ?

Le président se trouva désarmé. Face à une telle situation, il n'avait pas encore bien réfléchi à la question. Il replaça l'initiative entre les mains de son ministre.

— Avez-vous une solution ?

— Oui, j'en ai pensé une.

Le ministre exposa son idée, écoutant, au fil des phrases courtes, les soupirs de satisfaction du président.

— Ce que vous proposez est en effet intéressant. Mais vous mesurez comme moi les répercussions que cela pourrait susciter dans le pays... et cette décision une fois prise n'aura certainement pas bon effet sur ma réputation dans les milieux que nous connaissons tous, vous en conviendrez ?

— Je m'en rends compte, Monsieur le président.

— Alors...

— Alors, je vais faire mon possible pour que cela ne fasse pas l'objet d'attaques dirigées contre vous.

— Ce n'est pas tout à fait assez, grogna le président.

— Alors... disons le nécessaire.

— Vous estimez que c'est sûr ?

— Oui, Monsieur le président. En admettant qu'il en soit autrement, c'est, en tout cas, une nécessité. Nous avons besoin de la France. Elle assure notre sécurité. Nous sommes encore dans la Communauté avec les accords qui nous unissent à la mère patrie. Les troupes françaises sont toujours stationnées dans notre pays. Comment ne pas vouloir les utiliser pour ramener le calme ?

— Très logique ! Est-ce aussi votre opinion, mes amis ?

— Oui, répondirent les autres.

Il y eut un trou dans la conversation.

— Vous croyez qu'après l'intervention de l'armée française les syndicalistes se tiendront tranquilles pendant longtemps ?

— Je ne suis pas sûr, répondit le ministre.

— Moi non plus, car nous savons tous qu'un groupe d'agitateurs très politisés a infiltré les organisations syndicales. C'est ce groupe qui tire les ficelles.

— Interdire les syndicats est impossible.

— Peuh ! fit le président. Je vais d'abord, dès demain matin, les rencontrer et négocier avec eux. Si cela échoue, il y a bien d'autres moyens de les neutraliser : de bons petits complots organisés pour mettre leurs chefs en prison et les déconsidérer aux yeux de la population et le tour est joué... Cela nous est-il impossible ?

— Non, fit le ministre.

— Bien, revenons sur ce qui nous préoccupe dans l'immédiat. Je dois réfléchir quand même avant de décider, car c'est à moi seul qu'incombe la responsabilité de la décision.

— Le temps presse, Monsieur le président.

— Avons-nous une alternative ?

— Hélas non.

Il fixa le président et ajouta :

— Je ne pense pas, Monsieur le président. Si vous décidiez de donner le feu vert au ministre de la Défense, notre action aurait un double effet : elle nous mettrait en position de force face à la montée de la violence populaire et nous permettrait d'amener les syndicalistes à plus de prudence...

— C'est-à-dire ?

— Je ne crois pas que les syndicalistes continueront à agiter la foule quand ils verront une imposante force militaire quadriller toute la ville.

— Bien, fit le président. Je crois que vous m'avez convaincu.

— Pour tout vous avouer, reprit le ministre, je ne songe pas seulement à notre sécurité, que je puis très bien vous garantir, au surplus. Le plus tôt les syndicalistes et leurs agitateurs regagneront leurs bureaux, plus vite nous aurons la situation en main. Ne croyez-vous pas ?

Jamais une telle éventualité n'avait effleuré l'esprit du président. C'était la possibilité d'un retour au calme dont il rêvait qui s'ouvrait à lui.

— Je ne sais pas, répondit-il pourtant, songeur. On verra bien.

Puis, se tournant vers le ministre de la Défense, il dit :

— Combien de temps vous faut-il pour monter cette opération ?

— Tout sera fait dès demain à l'aube, si j'ai tout de suite votre permission.

— D'accord. Vous avez ma permission. Je contacterai l'Elysée dès que vous serez prêt, et vous aurez les troupes du régiment militaire français basé à Bangui, dont vous avez besoin. Après tout, c'est de là-bas que viendra notre protection. On ne peut pas compter sur l'armée congolaise. D'ailleurs elle est pratiquement inexistante et ses officiers ont pris fait et cause pour les manifestants.

— Je ferai pour le mieux, Monsieur le président. Les renforts dont nous avons besoin seront en place avant même que les gens ne se lèvent.

— Dès que j'aurai l'accord de Paris, vous vous mettrez en rapport avec le commandement de l'armée française ici. Il vous aidera à préparer l'opération et avisera Bangui.

— Bien, Monsieur le Président.

*

* *

A la Maison de la Radio, tout pourtant se trouvait en bon ordre, même si les émissions avaient cessé pour cause de grève. Le directeur discutait avec les gendarmes chargés de garder le bâtiment, lorsqu'on lui signala l'approche des manifestants. Vivement, il se posta à une fenêtre. Il fut pris d'une vague inquiétude devant ce flot qui avançait, avançait toujours.

Puis la foule s'arrêta, en face.

— Que voulez-vous ? lança-t-il d'une forte voix.

Il y eut des poussées et des grondements. Les délégués se détachèrent.

— Que voulez-vous ? répéta-t-il, faisant un effort pour surmonter sa peur.

— Nous voulons diffuser un message à la radio.

Il recula d'un pas.

— Non, pas question, dit-il avec fermeté.

Cette rudesse de parole souleva une clameur. Les gens devinrent menaçants. Des vociférations couvrirent la place.

Il frémit. Le seul remords qu'il eut à cet instant était de n'avoir que six gendarmes pour protéger l'immeuble. Comment le défendre face à cette foule ? Il était perdu. Il eut la conscience immédiate de son impuissance.

La colère monta. Une bande se ruait déjà vers la porte qui céda tout de suite. Il y eut une poussée pour se jeter sur le directeur. Il se serait fait écharper, s'il n'avait pris le parti de passer par l'ouverture de derrière et de disparaître. Les six gendarmes en firent autant. Alors, il en déborda de tous côtés. En moins de cinq minutes, la Maison de la Radio leur appartint.

Emportés dans l'élan de leur colère, ils se mirent à saccager le bâtiment, lorsqu'à ce moment-là, arriva un émissaire du président de la République.

— Qu'est-ce que vous venez faire ici ? lui cria l'un des délégués.

— Le président de la République m'envoie vous dire qu'il accepte vos conditions et propose de reprendre les négociations dès demain matin.

A ce moment, on entendit la voix du président du Comité.

— Le président veut négocier ?

— Oui, il veut négocier, reprit l'émissaire.

— D'accord, allez lui dire que nous sommes d'accord. Nous serons au rendez-vous demain matin.

Aussitôt que l'émissaire fut parti, le président leva les

bras, réclama le silence. Lorsqu'il l'obtint, il leur annonça la nouvelle.

Tous l'acclamèrent.

— Maintenant, dispersez-vous. Retrouvez-vous demain matin, place de la gare pour attendre les résultats de la négociation.

*
* *

Le gros de la foule revint sur ses pas, par la grande avenue. Il était quinze heures. Sans qu'on sût d'où il partit, un mot d'ordre les lança sur l'Assemblée Nationale. Le soleil, qui baissait à l'horizon, allongeait sur le sol les ombres de cette bande, aux gestes menaçants.

Il n'y avait ni gardiens, ni gendarmes devant l'Assemblée. Tous semblaient rassurés. Tout de suite, un cri s'éleva :

« A bas l'Assemblée ! ».

Et dans une confusion de troupeau, la foule enfonça les portes et se rua à l'intérieur du bâtiment qu'elle mit à sac.

Cela dura trente minutes lorsqu'un autre cri les fit se retourner. Un ordre courut : « Mort aux ministres ! Mort aux ministres ! »

Alors, ils se replièrent. Le vacarme redoubla. Des voix partirent de toutes parts. La foule entraînée tournait déjà, malgré les protestations de quelques-uns, qui les suppliaient d'arrêter ces actes de vandalisme. Une clameur couvrit leurs voix.

La bande, par les quartiers, sous la pénombre du crépuscule, s'en allait, débordant les rues. A la clameur jetée par toutes les bouches, certains sortaient de leurs maisons, galopant eux aussi, se joignant à la bande qu'ils grossissaient. Lorsqu'elle arriva devant la première maison, elle formait déjà une masse compacte, confondue de gens décidés, aux cheveux épars et poussiéreux.

Les cris recommencèrent :

« Mort aux ministres ! Mort aux ministres ! »

La suite se déroula dans une atmosphère de cauchemar. Dans la ville régna un désordre indescriptible, une panique. Les propriétaires des maisons désignées ne pensaient plus qu'à sauver leurs vies et celles de leurs familles. Affolés, avec ou sans bagages, ils couraient en tous sens, cherchant un abri, comme des bêtes traquées. La distance qui séparait ces maisons était franchie en peu de temps, presque au pas de course par la bande ardente. Elle arrivait armée.

A violents coups de barre de fer et de hache, quelques-uns se jetaient sur les clôtures, pour abattre les murs. Bientôt, la bande entière se mettait à cette besogne. Pendant ce temps, une poignée entraînant les autres envahissait les maisons. Ils massacraient tout ce qu'ils rencontraient sous leurs mains. Les portes et les fenêtres sautaient, les meubles se disloquaient, la vaisselle se brisait. Des huées éclataient.

Quelqu'un cria :

— Mettez-y le feu !

Et les maisons flambaient. Au-dessus d'eux le dôme des flammes rouges, noires, montait, varié par l'éclat bleuâtre de la blancheur des meubles embrasés. Les craquements étaient noyés dans l'ouragan de gestes et de cris. Tandis que les flammes s'élevaient, gigantesques, répondant à la rage de l'incendie, un manifestant s'écria, d'un ton de citation lyrique :

— Les murailles des riches flambent !...

Les voisins dans leur coin ne bougeaient pas. Ils regardaient le spectacle sans un mot, les yeux secs. Même s'ils avaient envie de détourner leur regard.

La bande se remit en marche, s'éloigna avec d'étranges regards luisants, en chantant :

« On a tout détruit, nous bâtirons de nouveau. »

« Il suffit de la liberté, Congo ô ô ô. »

Lorsqu'il ne resta plus de maisons à incendier, la foule se dispersa et disparut dans la nuit. Le calme revint sur la ville.

La journée se terminait dans une brume de souvenirs, dans une lassitude pesante qui étreignait corps et âme.

Les formes vacillantes des trois morts apparaissaient devant les yeux. Le régime atteint en pleine chair par ces trois balles affectait l'assurance de la toute-puissance, sans encore se rendre compte de la gravité de sa blessure.

Les gendarmes avaient cru tuer l'opposition. C'est le

régime que leurs balles avaient atteint. Et l'assurance qu'apportait encore le pouvoir n'avait plus ni raison d'être, ni avenir. Trois délégués étaient morts, c'est le régime qui mourait. Le Congo comptait vivre.

*
* *

Dans la nuit de ce même jour, la gravité de la situation avait suffi à déclencher une activité beaucoup plus intense de l'opposition. Elle incita le Groupe à se réunir.

Dominique était confiant. Non seulement cela pouvait précipiter les choses : la déstabilisation du régime, mais il éprouvait une satisfaction personnelle, celle de balayer en une seule fois toute l'équipe gouvernementale. Il n'hésita pas à faire partager son optimisme à ses camarades. C'était particulièrement opportun d'étaler l'incompétence et le caractère policier du régime au beau milieu de cette rencontre. Peut-être possédait-il là une excellente entrée en matière pour établir les lignes générales du plan de bataille, qui leur permettrait de gagner le combat.

Après un moment de discussion, Julien reçut mission de radicaliser le mouvement.

— Il va de soi que l'assassinat de nos trois camarades nous attriste tous, dit Julien. Il nous motive dans notre action. Je propose donc que nous mettions en commun tout ce que nous pourrons rapprocher de ce sujet pour agir efficacement.

— Cela paraît logique, admit Dominique.

Les autres confirmèrent leur accord.

— Peut-être que quelqu'un devrait accélérer le travail d'agitation en s'appuyant sur nos amis infiltrés dans le mouvement.

— Veux-tu que je m'en occupe ? demanda immédiatement Clément.

— Si tu veux bien.

— D'accord.

— Je rappelle que ces amis ne doivent être utilisés qu'en fonction de la stratégie que nous avions définie lors de la dernière réunion.

— Évidemment.

— Ce qui serait intéressant, reprit Dominique, c'est de les amener à entraîner tous les grévistes à demander la démission de Youlou. Je sais que c'est un travail très délicat. Le pourras-tu ?

— On va essayer !

— Ils vont encore peut-être essayer de vous charger, dit Dominique. Il faut être prudent.

— Tu sais, les gars, c'est des durs ! On les a déjà vus place de la gare.

— Le problème n'est pas là. Il faut éviter tout contact avec l'armée.

— Je sais.

Puis la conversation s'engagea sur la mobilisation du lendemain matin, place de la gare.

— Seulement, remarqua Clément, il faudrait...

Il regarda autour de lui, prudemment, s'il pouvait parler.

— Je crois qu'il faudrait trouver tout de suite un mot d'ordre là-dessus pour mobiliser les grévistes dit-il, en coupant Dominique.

L'ensemble des camarades se regarda. Il y eut un silence. Puis :

— Mais c'est vrai ! Il nous faut un mot d'ordre.

— Euh, euh !

— ... En effet personne n'y a pensé.

— Il faudrait peut-être qu'on y pense maintenant.

— Tu as raison.

— Il faut trouver un mot d'ordre capable de motiver les gens.

— Oui, mais lequel ?

— Chacun de nous doit faire un effort pour trouver quelque chose.

Ils restèrent silencieux, réfléchissant.

Le temps passait. Chacun attendait, personne ne disait rien.

Dominique se leva en posant ses deux mains à plat sur la table. Il se pencha en avant et demanda :

— Personne n'a encore trouvé ?

Toujours le silence.

Il se redressa, fronça les sourcils et parut attendre. Enfin, Daniel saisit l'occasion.

— J'ai peut-être trouvé quelque chose.

En une fraction de seconde, tous les regards se tournèrent vers lui. Ses camarades avaient brusquement cessé de suivre leur pensées.

— Ah ! oui... Vas-y, dis-le nous.

— Je ne sais pas si cela conviendra à ce que nous voulons.

— Dis toujours, on verra bien.

— Le mot d'ordre pourrait être par exemple : « IL FAUT QUE ÇA CHANGE ».

— Oui... oui, pourquoi pas, commenta laconiquement Dominique, baissant la tête.

Il resta songeur un moment dans cette position. Lorsqu'il leva la tête, il se tourna vers Thomas et lui fit un signe : C'est bien. Thomas ne répondit même pas. « IL FAUT QUE ÇA CHANGE ». Il allait de soi que c'était d'accord. Pourquoi pas ? Mais Dominique demanda :

— Oui ?

— Bien sûr, répondit Thomas. Bien sûr. C'est une bonne idée.

— Très bien. Ce mot d'ordre me plaît. On peut le garder. Qu'est-ce que vous en pensez, camarades ?

— Nous sommes d'accord. C'est bien pensé comme mot d'ordre.

Dominique opina de la tête.

— C'est très bien, nous l'acceptons.

Il fit une pause et continua :

— Puisque nous sommes tous d'accord sur ce mot d'ordre, revenons à notre sujet... Thomas, tu es peut-être le seul parmi nous à avoir des relations plus intimes avec nos deux officiers français. Grâce à ta position officielle de commerçant et à ton bureau, tu te chargeras d'établir des liaisons non seulement avec eux, mais aussi avec les dissidents gouvernementaux progressistes et l'armée congolaise. En même temps, tu fourniras à ces contacts des informations servant à l'exécution de notre plan.

— Je m'en occupe dès la fin de la réunion, confirma Thomas.

— Bien... d'autant que nous devons agir rapidement.

Se retournant vers les autres, il lança :

— Nous devons agir très vite. L'agitation dans la foule doit être effective pour augmenter la pression sur Youlou.

— Tu crois que cela peut nous avancer !...

— Plus que tu ne crois... Si les grévistes ne sont pas suffisamment motivés pour le départ de Youlou, il faudra trouver un autre moyen.

— Lequel ?

— Je ne sais pas encore. Mais nous trouverons bien. Nos relations avec l'armée congolaise nous encouragent déjà à intervenir afin de radicaliser la direction du mouvement. Ce qui nous sera par contre nécessaire, c'est de nous informer sur les intentions de l'armée française de telle sorte que nous connaissions leur plan et de savoir s'il y a possibilité ou non d'une intervention de leur part. Je charge une fois de plus Thomas de faire ce travail.

— J'essaierai de faire de mon mieux.

— Tu dois le faire, voilà. Et maintenant, en plus, si tu as besoin de quelque chose, tu fais signe. Et pour ça, j'ai pensé que Daniel et Germain pourraient rester avec toi, pour mieux assurer la liaison. D'accord ?

— D'accord, dit Thomas en adressant un air entendu à Dominique.

Thomas et Daniel se trouvaient sous la véranda quand Germain arriva. Ils entrèrent tous les trois dans le salon et, comme le sous-lieutenant de l'armée française n'était pas encore là, Thomas invita ses hôtes à s'asseoir et à boire quelque chose.

— Je crois que les Français veulent l'épreuve de force, fit Daniel.

— Dans quel but ? demanda Germain.

— Je ne sais pas. En tout cas, le sous-lieutenant devra s'expliquer sur les trois morts.

Il y eut un silence. Daniel caressa un moment son menton, puis relevant la tête, demanda à Thomas :

— Es-tu sûr de lui ?

— Évidemment. Nous n'avons rien à craindre de lui. Sinon je ne lui aurais pas dévoilé notre existence... et puis, il veut vraiment nous aider.

Une chose encore chiffonnait Daniel. Il réfléchit intensément.

— Es-tu sûr qu'il ne nous piège pas ?

Thomas leva sur Daniel des yeux interrogateurs et lui, comprenant cette question muette, fut terriblement troublé et irrité contre lui-même.

— Enfin, je voulais seulement demander s'il est possible de se fier aux officiers de l'armée coloniale alors que nous sommes en guerre contre elle, dit-il à moitié plaisantant.

— En tout cas, c'est un ami, et il est plus honnête que certains de nos camarades, répondit Thomas sur le même ton, semblant n'avoir rien retenu de sa première question.

Il fit une pause et reprit d'une même voix :

— Et nous nous connaissons depuis fort longtemps.

Daniel grimaça un sourire à son adresse et dit :

— Je sais, je sais. Une erreur est si vite faite... L'enjeu est de taille. Nous risquons nos têtes à tout moment, si nous ne sommes pas discrets et rigoureux. Et je ne tiens pas à ce que tout ce que nous avons bâti depuis des mois s'écroule aujourd'hui à cause de notre imprudence.

La lutte clandestine avait rendu Daniel prudent et soupçonneux, mais c'était un homme avisé et poli. Thomas l'avait rencontré chez des amis et tout de suite ils s'étaient liés d'amitié.

En ce temps-là, quelques intellectuels congolais venant de l'A.C. (6) et de l'A.E.C. cognaient aux portes du pouvoir et il leur paraissait qu'on ne voulait pas les leur ouvrir. Non seulement les places étaient prises, mais elles l'étaient, selon toute apparence, pour longtemps. La veulerie des dirigeants les incitait à l'action. Mais quelle forme d'action choisir ? Ils n'avaient pas d'assise politique dans le pays qui, pour eux, était devenu inconnu du fait de leur long séjour en Europe où ils avaient étudié. Ils risquaient de se faire arrêter à tout moment et même de se faire rejeter par la population qui ne les connaissait pas.

Que faire ?

Alors Thomas pensa à Daniel. Etant donné les relations qu'ils avaient tissées au fil des ans, il faudrait vraisemblablement le voir et peut-être serait-il entraîné à sa suite.

Un jour, dans son bureau, Daniel reçut donc la visite de Thomas qui ne put se retenir de lui rappeler les beuveries des officiels qui commençaient à défrayer la chronique dans les milieux populaires.

Il est vrai que l'incurie, les scandales de mœurs, la réaction organisée, l'inculture, le chômage dominaient l'actualité de façon permanente.

— Il faut faire quelque chose.

— Certes, mais à l'heure actuelle je ne vois pas comment.

— Si on arrive à s'organiser et qu'on mette sur pied une organisation souterraine, nous arriverons à prendre le pouvoir. Il serait bon que l'on fasse mieux que les discours contre ces gens-là.

— Et quoi donc ? avait demandé Daniel.

---

6. A.C. : Action Congolaise.

— Je ne sais pas encore. Il faudrait parler à Germain et Clément, à des amis comme Pascal et Camille aussi. Ils trouveraient certainement une idée, peut-être même une solution. Je pense que nous ne devons pas aller au combat en ordre dispersé. Nous devons nous unir, former un Groupe.

Daniel parut penser vite et choisir ses mots avec soin :

— Sois plus clair, Thomas... Quand tu dis « nous », de qui s'agit-il ?

Thomas sourit. Il avait un sourire sympathique bien que plutôt préoccupé. Il répondit :

— Nous de l'A.C. et vous de l'A.E.C.

Il s'était levé et avait ajouté :

— Il est de notre intérêt de nous unir.

Il avait attendu patiemment que Daniel eût réagi comme il convenait. Il l'avait regardé et Daniel aussi. Il avait essayé d'ajouter quelque chose, mais les mots étaient restés dans sa gorge.

Pas un instant les yeux perçants de Daniel n'avaient quitté son visage. Thomas ne savait pas ce qu'il pensait. Avait-il gardé un mauvais souvenir de l'A.C. ?

Cette question l'avait frappé et l'avait ramené à sa propre base, l'A.C. créée par les dissidents de l'A.E.C. Les images de leurs divergences étaient revenues à sa mémoire :

C'était en 1958. Un rapport soumis à examen avait exposé, au cours d'une réunion de l'A.E.C. tenue à Paris, une analyse du discours du général de Gaulle prononcé à Brazzaville le 24 août de cette même année. Il proposait à tous les Territoires Africains sous domination française de former avec la France une Communauté Franco-Africaine.

Au terme de longues discussions, commençaient à apparaître les premiers symptômes avoués d'un profond désaccord entre les durs, partisans du « NON », et les modérés, partisans du « OUI ».

A partir du 28 septembre 1958, date du Référendum où le Congo se prononça pour la Communauté Franco-Africaine, les divergences entre les deux tendances se cristallisèrent. C'est ainsi qu'un groupe d'étudiants (partisans du NON) fit pratiquement scission en se désolidarisant de l'A.E.C. à propos de ce Référendum, et créa l'A.C.

Lorsqu'il eut fini de penser à tout cela, il se rassit sur la chaise qu'il avait quittée. Ce fut la voix de Daniel enfin, qui perça le silence.

— Eh bien, eh bien ! avait-il répété stupidement. Qu'est-ce que cela veut dire ?

— Ce n'est pas le moment d'en parler sérieusement, Daniel. Si tu veux l'union, réfléchis-y.

Il n'alla pas plus loin ce jour-là, car l'idée n'était pas précise en lui. C'étaient là des sentiments qu'il éprouvait de façon si brutale qu'il s'en gardait. Les extérioriser lui paraissait manquer de prudence. Mais il avait le sentiment très net, cependant, que les gens qu'il venait d'indiquer étaient des personnalités fortes sur lesquelles on pouvait compter. Les hommes de cette qualité étaient rares. Plus rares encore ceux qui avaient dû couper tous les ponts derrière eux et ne pouvaient plus reculer.

Pour Daniel, la spéculation à longue échéance n'était pas son fait. Mais une fois Thomas parti, il sauta sur l'idée émise, la développa en un tournemain, s'en attribua la paternité et entreprit d'aider à sa réalisation. Les conversations secrètes qu'il eut alors montrèrent que les intéressés étaient prêts à l'action.

Maintenant, c'était le fait de tous.

Le Groupe fut créé et petit à petit, il avait pris corps dans la capitale. Tant que rien ne pouvait justifier une action qui entraînerait les populations, ils attendirent.

Puis arriva le 13 août. Cette grève à laquelle tout le peuple se rallia parut au Groupe comme une occasion d'un coup d'éclat politique. De plus, elle s'inscrivait, indubitablement, dans le processus d'une évolution dont ils rêvaient.

Voici que s'ouvrait l'heure, pour le Congo, du renouveau.

Quand le sous-lieutenant fit son apparition, arborant un large sourire, les autres se levèrent comme un seul homme.

— Alors, mes amis, vous devenez des hommes importants, dit-il en serrant les mains des trois camarades.

Il prononça ces mots avec un rire qui créa une atmosphère plus amicale.

— Vraiment ? Vous aussi, vous êtes quelqu'un d'important dans l'armée, n'est-ce pas ? répondit Daniel avec un gros rire.

L'officier sourit.

— Oh ! vous savez...

Daniel haussa les épaules. L'autre ajouta avant de s'asseoir :

— Nous regrettons beaucoup ce qui s'est passé devant la Maison d'Arrêt. Nous vous présentons nos excuses.

— Nous craignons de ne pouvoir seulement nous contenter de simples excuses.

L'officier poussa un long soupir. Il parut franchement désolé par ce drame et entreprit aussitôt de convaincre ses interlocuteurs de leurs bonnes intentions.

— Le capitaine n'a pas vraiment voulu les tuer. Croyez-moi. Il était en état de légitime défense. Et puis, il faut le reconnaître, il était excédé, c'est tout... Mettez-vous à sa place. Ceci dit, il a été mis aux arrêts de rigueur.

— Je dois hélas... avouer... fit Daniel, que nous ne sommes pas du tout contents. Pas vous en tant qu'individus, mais l'armée française.

L'officier renifla ; puis sourit.

— Mes amis, dit-il, sans élever la voix, je comprends bien votre colère.

Il porta son regard sur Thomas puis le ramena sur la table et répéta :

— Je vous comprends... Oublions nos griefs si vous le voulez bien.

— D'accord, fit Thomas. Il devient urgent d'examiner le problème qui nous préoccupe. Marcher sans savoir où l'on va n'est pas sain. Comment peut-on caractériser la situation présente ?

— Je crois que ce qui domine, c'est le rôle que peut jouer l'armée française, répondit Daniel, après un temps de réflexion.

L'officier se passa plusieurs fois la main dans les cheveux.

— Je ne comprends pas très bien ce que tu veux dire, dit-il.

Daniel reprit tranquillement :

— Peut-être puis-je formuler ma phrase autrement, lieutenant.

— Oui ?...

Sa voix n'avait pas changé et son regard était toujours calme et amical, mais il écoutait avec beaucoup d'attention.

— Nous savons exactement ce que nous risquons en te dévoilant l'existence de notre mouvement et de nos projets, comme nous connaissons les aléas que comporterait une éventuelle action de notre part contre le régime actuel sans votre caution... En un mot, on ne saurait aborder les problèmes qui secouent actuellement le Congo sans évoquer une participation française.

Il leva son visage vers l'officier. C'était logique. Bien entendu, cela correspondait aux critères : renseigné depuis le début sur le Groupe, il était au courant de ses projets, sans toutefois y avoir participé. Il ajouta :

— Tu me saisis ?

— Certes, mais je n'y crois pas dans le cas présent.

— Pourquoi cela ?

— La situation n'est pas aussi simple pour nous.

— Sois plus précis.

L'officier croisa les jambes et resta silencieux. Daniel ajouta alors :

— Tu crois que vous n'interviendrez pas si nous décidons de...

— Écoutez, interrompit l'officier. Je n'ai pas d'opinion là-dessus.

Thomas le regarda fixement et dit :

— Tu es très mystérieux. Pourquoi cette discrétion ?

— Je ne peux rien dire avant d'être plus sûr que je ne le suis maintenant.

— Parfait !

— Vous pouvez nous aider, insista Germain qui était resté un moment silencieux. Restez en dehors de cette affaire. Ce que nous voulons, c'est la neutralité de votre armée.

Il regarda l'officier et fit un signe de tête interrogatif.

Le sous-lieutenant haussa imperceptiblement les épaules comme si tout cela lui était suprêmement indifférent.

— Je ne vous promets rien, mais je vais essayer d'en référer au commandant.

Le commandant sympathisait aussi avec le Groupe, mais on ne le voyait jamais.

— Tu peux quand même nous donner ta parole ?

— Je ne suis pas habilité à le faire.

Après un moment, Thomas demanda :

— A ton avis, tu penses que nous pouvons être rassurés de ce côté-là ?

L'officier se leva en posant sa main sur son épaule. Thomas tourna la tête. Le sous-lieutenant dit résolument :

— Ce que je pense n'a pas d'importance en haut lieu. Mais je verrai avec le commandant ce que nous pouvons faire pour vous rendre service.

L'officier retira sa main. Thomas repoussa sa chaise et montra sa reconnaissance.

— Merci.

Ce fut le dernier mot. Ils se serrèrent la main. Dehors, la nuit était noire. Le petit vent frais soufflait dans le dos du sous-lieutenant qui se dirigeait vers son véhicule.

Après son départ, Thomas, Daniel et Germain s'engagèrent dans une discussion qui reflétait une véritable mise au point. Daniel, fidèle à son sentiment constant de prudence, résuma en quelques mots le pour et le contre de la précédente discussion. Il admit la possibilité que leur interlocuteur, bien que déclarant agir indépendamment de toute fonction officielle, puisse exécuter les volontés de quelques chefs hiérarchiques qui se tenaient derrière l'armée. Puis il poursuivit :

— Considérons les faits dont nous disposons à l'heure actuelle. Que nous révèlent-ils exactement ? La mort de nos trois compatriotes. L'attitude des Français nous pose des points d'interrogation... Nous ne savons toujours rien des intentions de l'armée.

— Oui, admit Thomas.

— Croyez-vous qu'ils soient capables d'intervenir si nous investissons le Palais ? demanda Germain.

— C'est une éventualité qu'il ne faut pas négliger, politiquement parlant. Imaginons le contraire. Que feront les militaires ?

— Ils se mettront sur une stratégie de repli et abandonneront, sans souci de gloire militaire, tout ce qu'il faudra abandonner de terrain et attendront.

— Voilà ! Car quelle serait l'attitude des pays dits démocratiques si l'armée française tirait sur la foule en faisant plusieurs milliers de morts ? Déjà, les trois morts doivent les embarrasser. Il faut penser à cela. Il y aurait des mouvements d'opinion irrésistibles et les Français perdraient leur prestige aussitôt. A mon avis, ils n'auront pas la moindre intention de choisir entre deux stratégies. Si nous gagnons, ils nous observeront de là où ils se trouveront. Si nous remettons en cause leurs intérêts en place, ils tenteront un coup militaire au moment où ils jugeront bon de le déclencher et comme ils auront les moyens de le faire...

— Et tu crois que la France tentera vraiment ce coup de force militaire dans cette hypothèse ?

— J'en suis convaincu. Le régime populaire que nous envisageons s'effondrera, vous le savez aussi bien que moi. C'est pourquoi, la première négociation la plus urgente que nous serons amenés à engager, dès lors que nous aurons réussi notre coup, c'est le départ de notre sol de l'armée française. On ne peut se dire libres si nous avons sur place les fusils de l'armée coloniale qui nous guettent.

— Revenons à nos préoccupations immédiates, fit Germain. A mon avis, nul parmi nous trois ne peut dire ce qu'est en train de préparer en ce moment l'état-major de l'armée française. Le rapport de forces n'est pas en notre faveur.

— Du moins à armes égales ! intervint Daniel.

— A armes normales égales, veux-tu dire ?

— Si tu veux.

— Quoi qu'il en soit, nous en revenons à notre manque d'information sur l'évolution des événements.

— Evidemment.

— Il va de soi que la démission de Youlou nous intéresse tous en tant que Congolais. Est-ce qu'il en est de même pour l'Élysée ?

— Peut-être nous faudra-t-il poser cette question à notre ami, lors de la prochaine rencontre, proposa Germain.

— Il y a peu de chance qu'il réponde à cette question, dit Daniel.

— On pourrait la lui poser quand même ?

— Moi je veux bien.

Thomas hocha la tête :

— Non, non, dit-il. Laissez-moi faire avec le sous-lieutenant et le commandant... Vous voulez bien ?

Les deux autres confirmèrent leur accord.

Thomas leur tendit la main, et Daniel lui dit avant de le quitter :

— Nous attendons de tes nouvelles, très vite.

— Entendu, comptez sur moi.

La nuit était agitée pour le président de la République. Assommé de nouvelles et de fatigue, il se cala dans son fauteuil. Il ne parvenait pas à s'endormir. Quand finalement il arriva à somnoler, il n'en profita pas, car ses rêves étaient désagréables. Il se réveilla aussitôt. Il leva la main et se mit à regarder ses doigts, comme celui qui tient ses yeux attachés à la boule d'une voyante, et y voit passer ce qui se trouve en lui.

Il fut secoué de tremblements. Puis, se sentant envahir par une torpeur, il serra les mâchoires et grinça des dents. Après avoir médité un instant, il eut conscience de son impuissance à prévenir des drames qui menaçaient son pouvoir.

Ce fut sur ce sentiment qu'une idée, qui ne s'était pas dégagée du chaos dans lequel la bouleversante mort des trois hommes l'avait jeté, lui apparut nettement... et qu'il eut peur.

Oh !... mais une peur... une peur immense ! Ces hommes sont morts devant la Maison d'Arrêt, tués par un officier blanc de l'armée française, et leur mort disait tout.

Qu'allait-il devenir ? Que fallait-il faire ?

A cette pensée, il sentit la main, la main physique de cette peur hideuse, dans ses cheveux qui devinrent des aiguilles ! Sa colonne vertébrale se fondit en une fange glacée, et il voulut lutter, mais en vain, contre cette déshonorante sensation... Il fallait garder la tête froide... il était un homme politique après tout... il était le président. Il se mit la tête dans ses mains, et quand le cerveau lui tournait dans le crâne, il s'efforçait de raisonner le drame dans lequel il était impliqué... et d'arrêter, pour les fixer et les examiner, toutes les idées qui lui fouettaient le cerveau comme une toupie cruelle, et qui toutes allaient, à chaque tour, se heurter à ces cadavres.

L'idée que des familles ne verront plus jamais leurs fils,

leurs maris ou leurs pères, lui pesait plus sur le cœur que les cadavres mêmes de ces délégués... On ne pouvait pas faire autrement ?...

C'était la question qu'il se posait, le point fixe qu'il regardait dans sa tête. Difficulté grandissant à mesure qu'il la regardait et qui prenait les proportions d'une impossibilité absolue. Hallucination effroyable ! Par moments ces morts lui semblaient emplir toute la pièce et ne pouvaient plus en sortir.

Ah ! S'il pouvait, il aurait, à tout risque, rapporté les corps dans leurs familles en leur expliquant !... Et cependant, l'état de sa tête était tel, la peur du lendemain lui galopait avec tant de furie, que ce fut cette idée, cette témérité, cette décision d'employer la force qui s'empara de lui comme l'unique moyen de sauver son régime.

Il soupira, se redressa comme à la sortie d'une maladie, se leva. Il hésita puis marcha d'un pas lourd dans la pièce. Il regardait, pensait ; ses yeux finirent par se fixer sur la fenêtre. Il s'arrêta, regarda la nuit. Il essaya de réfléchir, mais n'y parvint pas. Il était dans le brouillard.

Il demeura longtemps devant la fenêtre, le regard toujours perdu dans l'obscurité. Enveloppée de ténèbres, la ville semblait morte. Le vent sifflait dans les rues désertes, et les arbres invisibles gémissaient dans la nuit. Le dos voûté, il semblait pouvoir demeurer immobile des heures entières, perdu dans la contemplation de ce paysage lugubre. Il revint.

Il s'approcha du téléphone. Il fut un instant à le considérer avant de poser sa main dessus. Il l'en retira sans l'avoir soulevé.

Il resta là, debout, immobile, dans le chassé-croisé des sentiments, dans la houle des impulsions, dans la détresse humaine, dans la solitude inhumaine, incapable de penser clair et obstiné à se durcir.

Il finit par décrocher et composer le numéro.

Se redressant lorsque le correspondant décrocha à l'autre bout du fil, il dit :

— Quelles sont les dernières nouvelles ?

— C'est vous, Monsieur le président !

— Qui croyez-vous que ce soit ?

— Je vous croyais endormi, vu l'heure tardive...

— Je vous ai dit de m'informer régulièrement de la situation.

— Mais, Monsieur le président...

— Je ne veux rien savoir.

— Bon, d'accord.

Et le ministre de l'Intérieur fit son rapport. Lorsqu'il finit, il ajouta :

— Il est bien certain que nous sommes dans l'orage. Ce que je viens de vous dire là n'est qu'un premier coup de tonnerre. Il en viendra d'autres et beaucoup plus retentissants, et vous le devinez bien. Pour cette grève, il est désormais à peu près certain qu'une tentative sera faite. Tentative beaucoup plus sérieuse, sans doute, et plus poussée qui aboutira à un mouvement révolutionnaire, un soulèvement des masses et le renversement, par la force, du gouvernement. Ce n'est pas le moment de rechercher pourquoi et comment cet acharnement. J'accepte de me battre à vos côtés jusqu'au bout si cela est nécessaire. Les syndicalistes, je suis sûr qu'ils vous représentent comme un indécis. Et ils n'ont pas tort tant vous devenez un indécis.

Il reçut ces mots comme un souffle d'obus : il se retrouva presque rejeté en arrière. Il accusa le coup. Le ministre poursuivit :

— Voyez-vous, vous vous êtes mépris sur ce garçon-là.

— Quel garçon ?

— Sékou Touré. Il a pu s'en prendre violemment en direct à la radio nationale à l'impérialisme et au néo-colonialisme.

Il y eut un silence. Puis :

— Continuez...

— Il est évident qu'il n'a pas eu de pouvoir à votre encontre. Mais il a eu celui d'informer. C'est lui qui est venu tout gâcher avec ses idées révolutionnaires. Maintenant les jeux sont faits, sauf le vôtre. Car il vous reste à décider, sur les conseils des syndicalistes, qui équivalent à une injonction, vous allez nous renvoyer. Pour moi, je vais vous mettre à l'aise. Vous savez que, logiquement parlant, je serai d'un jour à l'autre démis de mes fonctions. En conséquence, encore que ce ne soit pas la vraie conséquence, je peux vous signer ma démission sur-le-champ et je le ferai sans le moindre regret si vous me la demandez. Je répète : sans le moindre regret. Mais j'attends que vous me le demandiez.

— Il ne s'agit pas de ça pour le moment.

— Il vous faudra pourtant prendre rapidement une décision. Alors ?

Dans son bureau sobre et calme, le président écoutait son ministre. L'intensité de son regard devint extrême.

— C'est pas bien le moment d'en parler, voulez-vous ! Nous aurons le loisir d'en discuter demain aussitôt, dès que j'aurai reçu la délégation des syndicalistes. Ce qu'il faut maintenant, c'est faire tout ce que vous pouvez pour empêcher le désordre.

— Comme il vous plaira, Monsieur le président.

— Où en sont les troupes de Bangui ?

— En route, Monsieur le président. Elles seront là peu avant l'aube.

— Bien.

Il était maintenant très tard. La pièce, le bâtiment, le jardin, le ciel dans la nuit, composaient tous ensemble un petit coin du monde.

Le président garda un moment le silence, puis indiqua les dernières dispositions.

Sitôt qu'il raccrocha, il se retrouva dangereusement démuni de mépris et de colère. Rien que la honte qu'on lui eût jeté en pleine face ce qu'il se cachait à lui-même, dans sa conscience. On venait de le traiter, lui, d'indécis, et c'était vrai ! Le reproche se diffusait comme un venin dans le sang, avec une certaine constriction.

Il se leva difficilement de son siège, assailli par son idée fixe. Il alla poser sa main sur la poignée de la porte de la chambre. Il l'y laissa un moment. Il paraissait maintenant être ailleurs. Enfin, il la poussa et entra. Il s'allongea sur le lit et se laissa aller sur ses oreillers contrairement à son habitude, il songea plutôt qu'il ne pensa. Le rêve portait loin. Il était formé d'images sans support, fragments d'un beau pays. Lui non plus ne vivait point le temps qu'il faut pour considérer de ses yeux vivants, ce beau pays.

Lorsque le sommeil lui ferma les paupières, sa décision était prise : il garderait ses ministres.

Très tôt le matin du 14 août, des voix tonitruantes et rauques sortaient des haut-parleurs portatifs montés sur des voitures. Par toute la ville, Thomas déchaîné et deux autres camarades chargés de la propagande sillonnaient les quartiers, arpentaient les rues, pour répandre la nouvelle.

Pendant des heures, Thomas obligea son esprit à ne penser à rien d'autre qu'au mot d'ordre lié à son Groupe. Il s'agissait seulement pour lui de s'identifier à son rôle, comme un acteur consciencieux, de participer à l'enthousiasme de la grève, qui avait mis chacun dans la situation de travailleur, qui devenait un traître s'il ne la faisait pas. Plus de neutralité possible non seulement en droit, mais de fait.

En même temps, une radio amateur mobile des syndicalistes engagea une guerre des ondes. Elle pénétrait dans toutes les maisons de la capitale. Partout elle apportait un message qui remuait les consciences, trempait les volontés.

Les gens sortaient des parcelles, écoutaient le mot d'ordre : « Tous, place de la gare ». Aussitôt, par vagues successives, ils envahissaient les rues. Les hommes discutaient, fiévreux. Partout traînait un remous profond comme le sillage d'un navire. La vie bouillait. Elle apportait à chacun quelque chose de nouveau. On parlait du gouvernement, du régime. On se répandait en invectives contre les ministres.

La démarche précipitée des hommes, les regards surexcités qui se croisaient, créaient une atmosphère de pression dans les rues où s'élevait une poussière grise qui blanchissait les pieds, raclait la gorge.

Bientôt, une foule impatiente remplit la place de la gare avec la même densité que la veille.

Les syndicalistes, les yeux rouges de sommeil, se dépensaient comme des fous. Des éléments travaillaient déjà dans le sens désiré par le Groupe. En quelques minutes, ils créèrent un climat de tension. Des poings se levèrent au dessus des têtes. Le grondement de la foule augmenta.

L'un des syndicalistes se fraya un passage au milieu de la foule et escalada la tribune. D'un geste, il réclama le silence.

— Camarades ! nous faisons grève pour que les choses changent. Si nous sommes arrivés à ce point, c'est que nos revendications ne sont pas satisfaites, et sont loin de l'être.

Il haletait à chaque phrase et martelait ses mots avec des grands gestes.

— Trois de nos camarades sont morts. Mais ces victimes de l'armée coloniale ne sont pas tombées pour que nous acceptions cette défaite. IL FAUT QUE ÇA CHANGE.

Le dernier mot trouva un écho dans la foule.

— Oui ! il a raison, hurlaient les gens... IL FAUT QUE ÇA CHANGE.

— Nous devons continuer la lutte jusqu'à ce qu'on obtienne le renvoi de tous les ministres.

Un deuxième syndicaliste monta à la tribune sous les applaudissements. Il leva les bras en signe de victoire et prit la parole avec une gravité dramatique, avec une dureté coupante et froide.

— Oui, camarades, il faut que ça change... Dans quelques minutes, nous irons en délégation porter nos revendications au président de la République...

A peine eut-il prononcé ces paroles que la foule cria :

« Démission ! Démission ! »

Et, après avoir consulté son collègue, debout à son côté, il leva la main.

— Un moment, s'il vous plaît... S'il vous plaît... du silence. Nous allons tout de suite au Palais. Le président nous attend. Vous nous attendez ici jusqu'à notre retour pour connaître sa réponse.

Cela dit, ils descendirent sous des cris d'encouragement.

*
* *

Ce jour-là, dès que les premiers rayons du soleil s'étaient montrés à travers les fenêtres, le président, sombre et voûté, était allé s'asseoir dans son bureau... Et depuis le matin, il était là.

A dix heures précises, les délégués se firent annoncer au secrétariat de la Présidence. D'habitude ils n'étaient pourtant pas des hommes tellement à cheval sur l'exactitude. Mais les événements du moment les avaient obligés au respect de l'horaire fixé.

L'intendant les introduisit dans le bureau du premier étage. Ils virent avec étonnement l'autre aspect de ce bâtiment dont ils n'avaient aucune connaissance : le tapis rouge chatouillait agréablement les semelles de leurs souliers.

— Asseyez-vous, dit-il en leur montrant les fauteuils. Le président sera là dans quelques minutes.

Les délégués se tournèrent et se dirigèrent vers les sièges.

— Merci.

— Je vous en prie.

Puis il se retira aussitôt en fermant doucement la porte derrière lui.

Restés seuls, les délégués éprouvèrent une pointe d'impatience. Ils poussaient des soupirs, jetaient des regards obliques sur l'ensemble des objets qui ornaient la pièce.

Cinq minutes s'écoulèrent. Leur impatience augmentait.

Enfin, le président entra. Ils se levèrent en même temps.

— Ah ! vous voilà !...

Il s'interrompit.

Il y eut un silence. Il alla s'asseoir dans son fauteuil.

— Voyons, dit-il avec une raideur polie. Qu'avez-vous à me dire ?

Les délégués se regardèrent d'abord. Puis le chef prit la parole. Il s'expliqua avec sa fougue éloquente.

— Monsieur le président, les camarades nous ont choisis pour venir porter à votre connaissance les revendications des travailleurs. Cela doit vous prouver qu'il ne s'agit pas d'une grève des syndicalistes cherchant des postes ministériels. Nous ne sommes que les porte-parole de la classe ouvrière.

Sa voix se raffermissait. Son regard se glissa légèrement

sur le côté, se fit un moment absent. Puis regardant le président, il continua :

— Ce que veut le peuple, Monsieur le président... Seulement la justice sociale, et le renvoi de tous les ministres. Il nous semble qu'il serait temps de s'arranger, pour que le Congo ait un nouveau gouvernement.

— Vous savez bien que je ne peux accepter l'ensemble de vos revendications.

— Ce ne sont pas nos revendications, Monsieur le président. Ce sont celles du peuple. Lorsqu'un gouvernement cesse de représenter le peuple, lorsqu'en fait il trahit des intérêts, il est temps de changer la composition du gouvernement. Ce moment est venu.

Le délégué se lança dans sa plaidoirie. Les mots venaient tout seuls. Par moments, il s'arrêtait, écoutait et repartait. C'étaient des choses que les travailleurs, plutôt, que le peuple entier ressentait au fond de sa poitrine qui lui ressortaient dans un gonflement de son cœur.

Il parla de l'injustice sociale, de la gabegie économique des ministres. Est-ce que cette situation allait toujours durer ?

— Alors, Monsieur le président, finit-il par conclure, nous sommes venus vous demander de renvoyer tous vos ministres... Tous les travailleurs ont quitté leur travail. Ils ne retourneront travailler que si vous acceptez leurs conditions. Ils veulent que les choses changent... Maintenant, c'est à vous de voir si vous êtes pour la justice, pour la paix et pour le travail.

Les autres délégués approuvèrent d'un hochement de la tête.

Le président soupira et se cala sur le dossier du fauteuil. Il ne répondait rien. Il réfléchissait, caressait son menton. Il n'avait pas réagi dès les premiers mots, il avait écouté. On pouvait penser que la partie était gagnée. Son visage prit brusquement une expression sévère. Ses yeux se fixèrent sur celui du chef délégué, chargés de tant de haine, non, pas de haine, mais d'une sorte de dégoût, de mépris infini.

Il se redressa et dit :

— Non, avouez donc la vérité. Vous obéissez à des

mots d'ordre venus de l'Est. C'est une épidémie, maintenant, qui souffle sur notre pays... Oh ! Je n'ai besoin de la confession de personne, je vois bien que c'est la main de Moscou qui s'est posée sur vous. N'est-ce pas ? On vous a promis un monde meilleur, on vous a dit que le tour des travailleurs était venu de prendre le pouvoir... pour créer un Etat socialiste... Enfin, on vous enrégimente dans cette fameuse Internationale dont le rêve est la destruction de la société capitaliste...

— Vous vous trompez, Monsieur le président. Ce ne sont pas des considérations idéologiques ou politiques qui ont amené les travailleurs à s'immobiliser. Ils ont réagi sur la base de leurs intérêts propres. Mais, si vous les poussez à bout, ni vous, ni nous, ne pouvons savoir les conséquences que cela entraînerait. Cela ne dépend que de vous.

Le président se méfiait. Il savait que derrière ces paroles, se cachaient des intentions politiques propres à l'affaiblir. Il connaissait la vulnérabilité de son pouvoir une fois tous les ministres partis. Alors, il voulut bien chercher un terrain de concessions mutuelles. Il accepta maintenant de renvoyer ses ministres à l'exception de trois.

— Les travailleurs ne peuvent accepter cela, Monsieur le président... Ils exigent le départ de tous les ministres sauf vous-même, votre Excellence.

Le président haussa les épaules, se rejeta dans le fond de son fauteuil et se tint là, ramassé.

Tout en écoutant le délégué, il supputait le moyen de parer à cette situation. N'étant pas à même de juger encore si la tournure que prenaient les événements lui était favorable ou non, il laissait son imagination vagabonder et s'en remettait au hasard pour la continuation de son gouvernement.

Mais avant même de songer à reprendre et à examiner avec une attention critique les détails des événements qu'on lui exposait, il ressentit une véritable certitude. Une fois de plus, les grévistes n'avaient été que l'instrument d'une volonté réellement préparée et organisée de longue date par des éléments étrangers au syndicalisme. Pas une seconde, il n'avait admis qu'ils étaient seuls capables d'affaiblir son régime. Puis, à mesure qu'il déchiffrait les phrases qui, dans leur verve même, trahissaient l'action politique, il croyait aussi surprendre l'un des mobiles des syndicalistes.

« Une grève montée par ces cochons de communistes », pensa-t-il avec fureur.

Dès qu'il eut fini de les écouter, un mouvement naturel le poussa à se lever. Il s'immobilisa à la porte quelques secondes. Il se retourna brusquement et fixa franchement les délégués. Ce ne fut pas dans le dessein d'en garder souvenir. On pouvait penser qu'il cherchait à mieux les comprendre. Les fixer à distance dans leur comportement ? Il en déterminait mieux ainsi les limites, les nuances, les réserves. Il les explorait d'un regard affermi.

Cet effort de réflexion qu'il fit sans hâte et qu'il lui arrivait de couper de quelques pas dans la pièce, ne fut pas sans fruit. Il crut découvrir, dans la longue discussion, peut être, un indice, en tout cas, la volonté des syndicalistes de l'abattre politiquement. Il résolut de mettre fin à l'entrevue.

Revenu à sa place, il dit :

— Je maintiens toujours ma décision de garder le vice-président, le ministre de l'Intérieur et le ministre d'État.

Son langage et son regard étaient plus expressifs que jamais.

— Monsieur le président, si vous maintenez votre décision, vous n'ajouterez qu'un mécontentement aux problèmes actuels. Et ce ne sera plus seulement les travailleurs qui vous presseront, mais le pays tout entier. N'avez-vous pas l'idée qu'il serait préférable d'éviter cette disposition ?... Nous ne venons pas vous menacer, Monsieur le président, nous venons vous suggérer de ne pas vous entêter. Vous enfourchez des principes et écartez tout ce qui relève de quelque finesse... Réfléchissez, Monsieur le président. Tout à l'heure, vous avez fait allusion au communisme en invoquant les pays de l'Est. Mais si le communisme s'étend dans ce pays, c'est que vos méthodes et votre attitude lui ouvrent un champ qu'il ne doit même pas à sa doctrine. On peut être communiste contre vous. En préservant ces trois ministres vous vous faites grand tort. Nous appelons votre attention, Monsieur le président, sur les conséquences que cela peut entraîner. Prenez-y garde. Vous avez commencé de dresser contre vous la dignité nationale, non seulement celle des gens simples, mais aussi la classe moyenne qui vous a soutenu dans le temps. Vous n'ignorez pas et ne devez ignorer que la politique est d'abord une affaire de sentiment. Je ne dis pas qu'ainsi faisant, vous amenez du grain au moulin des communistes. Je dis que vous les rendez acceptables par le fait qu'ils condamnent votre politique. Vous finirez par les rendre sympathiques à la majorité de nos concitoyens.

Ces paroles, si modérées de forme, furent prononcées à demi-voix, avec une telle conviction, tremblante et menaçante qu'il se fit un grand silence.

Le président se retint d'éclater. Il regarda attentivement le délégué, assis devant lui, digne dans sa volonté, décidé et prêt à tout.

Le délégué lui rendait son regard.

— Monsieur le président, reprit le délégué, permettez-moi d'insister. Il est de notre devoir de vous mettre en garde contre une telle attitude.

— Et le mien est de conduire les affaires du pays ausssi bien que possible, sans tenir compte de mes intérêts personnels, s'ils venaient à être en jeu et de la mauvaise humeur d'une foule manipulée par des gens comme vous.

Il se leva en soupirant et secoua la tête d'un air chagriné. Il s'éloigna de deux pas, pour marquer la fin de non-recevoir. Mais se ravisa et revint vers les délégués.

— Désolé pour vous, messieurs ! dit-il.

Le chef de la délégation reprit en se levant :

— Alors, Monsieur le président, c'est votre dernier mot !... Nous allons rapporter aux travailleurs que vous repoussez leurs revendications ?

— Moi ! s'écria le président, mais je ne repousse rien ! J'ai accepté de renvoyer les ministres. Comme vous le vouliez. Et je vous ai dit ce qu'il fallait vous dire sur ceux que j'ai décidé de garder... Vous direz à vos amis que je n'entends pas céder sur ce point. J'éprouve la route que je crois bonne, c'est tout.

Il parla d'un air correct, évitant de se passionner. Les délégués, debout, l'observaient avec défiance. Leur chef osa de nouveau intervenir :

— Je le vois bien, Monsieur le président, que c'est tout. Vous avez la réputation d'un homme qui réfléchit longtemps et colle ensuite à ses déductions. Il n'empêche que vous allez rompre un équilibre qui devrait demeurer stable. C'est là ce que je pense.

— Écoutez-moi bien. Notre discussion ne pourrait plus que tourner en rond. Vous faites des bêtises avec les grévistes. Vous faites les bêtises de la peur. Il vous faut vous ressaisir !

— Voyons donc, Monsieur le président, il est regrettable que vous ne puissiez pas...

— Messieurs, nous n'avons plus rien à nous dire. Vous pouvez disposer, la discussion est close.

Les délégués sortirent sans ajouter un mot.

Lorsque le président se retrouva seul, assis devant son bureau, il parut s'y assoupir, la tête entre les mains. Les yeux grands ouverts, il commença à réfléchir sans se trouver incliné vers une autre hypothèse, mais fortifié dans son sentiment. Il discernait très bien la manœuvre des syndicalistes au sein de ce mouvement. La masse des faits qu'il détenait ne présentait pas la moindre fissure dans son raisonnement.

*
* *

En quelques mots, place de la gare, les délégués mirent les grévistes au courant de leur entretien avec le président.

Il y eut d'abord un silence d'étonnement. Puis, de minute en minute, tout, les choses, les gens, tout s'éleva, dans un bourdonnement. La colère de la foule se réveilla.

— Nous ne pouvons accepter une telle décision.

L'homme qui venait de crier parlait avec animation.

— Franchement, reprit-il, rugissant de colère. Nous ne cesserons pas la grève tant qu'il ne cédera pas à toutes nos revendications... ou alors, qu'il démissionne lui aussi.

La place était en ébullition. Des exclamations fusaient de tous côtés.

— Écoutez-moi, hurla le chef de la délégation. Camarades ! écoutez-moi. Puisque le président ne veut pas renvoyer tous ses ministres, nous devons décider tous ensemble de l'issue de la grève.

La foule se taisait sous ces paroles qui lui étouffaient le cœur ; et l'on n'entendait que son souffle nerveux au milieu de la grande place. Puis, l'air froid la rafraîchit. Lentement, une résolution se formait dans son esprit ; trouble encore, mais prometteuse, elle croissait intérieurement, et, pour en hâter l'éclosion, elle lui répondit par un tonnerre de cris, d'exclamations :

« Puisque c'est ainsi, qu'il s'en aille lui aussi ».

Elle s'agitait. Quelqu'un cria encore plus fort :

— C'est ça ! Lui aussi doit partir comme les autres.

« Démission ! Démission ! »

La tension montait.

— Camarades ! Camarades !... Écoutez-nous. Si c'est cela que vous voulez, nous retournons tout de suite au Palais apporter cette exigence auprès du président. Nous reviendrons vous transmettre la réponse.

— C'est ça ! Démission !... Démission !

Le président était encore assis devant son bureau lorsqu'on frappa à la porte.

— Qu'est-ce que c'est ?

L'intendant entra.

— Les délégués sont revenus, Monsieur le président. Ils disent que c'est très urgent.

Le visage du président s'assombrit. Il se redressa, fronça les sourcils et, le regard vitreux, murmura :

— Bon ! Bon ! faites-les entrer.

— Bien, Monsieur le président.

Le président rangea les dossiers qu'il avait sortis dans le tiroir de son bureau et attendit.

— Messieurs, dit-il quand les délégués furent assis, il vaut mieux être honnête dans ses propos quand on doit penser qu'il n'en peut pas aller autrement. Sinon, c'est sans objet. Vous ne revenez pas pour reprendre une conversation que nous avons épuisée tout à l'heure. Vous venez négocier avec moi au nom de votre action. Alors allons-y donc ! Qu'est-ce que vous voulez ?

— Monsieur le président, laissez-nous le temps de vous...

— Je sais ce qui vous amène. Je vais vous épargner de poser les questions et je vais répondre de ce pas aux questions que vous n'aurez pas posées.

— Monsieur le président, comment pouvez-vous savoir ce qui nous amène de nouveau près de vous ? Vous ne nous laissez pas le temps de parler.

— Je vous l'ai dit. Notre entretien ne doit être, en conséquence, que le prolongement de celui que vous avez eu entre vous après que vous m'avez quitté tout à l'heure. C'est la conclusion de votre consultation que vous m'apportez là, n'est-ce pas ?

— Vous êtes un homme habile dans le discours, dit le délégué, mais vous ne nous ligoterez pas avec ces manières. Ce qui vous manque encore en tout cas, c'est de connaître la dernière revendication des travailleurs.

— Mais je la connais !

— Non, Monsieur le président, vous ne la connaissez pas.

Cela jeta un froid.

— Une nouvelle exigence ?

Le délégué poussa un soupir.

— Ecoutez. Je vais vous faire gagner du temps, Messieurs, dit le président. Je vais vous résumer la situation.

Et il s'embarqua pour n'en plus finir sur la question. Il se leva, marcha dans la pièce les mains dans le dos, retrouvant son aisance au fur et à mesure qu'il parlait.

Le chef de la délégation se pencha légèrement vers ses collègues tout en fixant le président et dit d'une voix basse :

— Que répondre à cela ? Ce qui est évident, en tout cas, c'est qu'il fait traîner les choses le plus possible. Cela fait déjà un bon bout de temps qu'on a quitté la place de la gare. En bas on doit commencer à s'impatienter.

— Sûrement, fit l'autre délégué.

Le président marqua un temps d'arrêt.

— J'ai idée, dit-il, que vous ne m'écoutez que d'une oreille.

Le délégué se redressa tout d'un coup et dit :

— Il n'est pas nécessaire que je vous écoute des deux. Nous connaissons la situation autant que vous.

— Bon, fit le président perplexe.

Et il attendit. Il n'attendit guère.

— Votre faiblesse, Monsieur le président, dit le délégué en se calant le dos dans le fauteuil, elle se situe, depuis un certain temps, dans un manque de contact réel avec le peuple. Vous appliquez des vues de l'esprit sur une matière dont vous n'avez guère la connaissance. Un pays est fait d'intelligence et de sentiments. A heurter les uns et les autres, on compromet la paix et la justice, et par conséquent la chance du pays de se développer. Elles ne viennent pas seules, la paix et la justice ; elles se gagnent. On ne gouverne pas un pays ni contre son peuple, ni contre son cœur. Au hasard de vos promenades, vous entendrez, dans Brazzaville où l'armée depuis cette nuit est sur les dents, que l'on vous somme de renvoyer vos ministres, tous vos ministres sans exception. Ce ne sont pas les communistes qui vous pressent. La classe ouvrière n'est pas contente. Quant au peuple dans son ensemble, il commence à vous interroger. Le pays entier vous tient responsable de ses maux.

— Sauf votre organisation syndicale, n'est-ce pas...

— C'est bien le malheur, Monsieur le président, répondit le délégué. La politique de votre régime fait perdre à ceux qui la pratiquent le sens des réalités. Nous n'avons pas aujourd'hui le loisir de considérer les raisons de cette discordance courante et périlleuse, et pourtant l'affaire en vaudrait la peine. Revenons plutôt à ce que nous disions. C'est un fait : notre pays s'appauvrit, vous et votre gouvernement êtes responsables de cet appauvrissement. Ce n'est pas sans raison... Le niveau de la production est en baisse et il n'y a pas d'indice qui montre qu'il doive se relever prochainement. Le chômage va s'accroissant. Où aboutirons-nous dans ces conditions ? La misère, l'injustice sociale mènent à la révolte, Monsieur le président. N'allez pas nous répondre qu'on mate un soulèvement. Si brutale que soit la répression policière, si féroces que soient les armes, elles ne font pas taire les consciences. Les révolutions ne se font plus par les armes, elles se font par les « bras croisés ». Allez place de la gare. Les hommes, les femmes et les enfants n'ont pas d'armes. Ils ont leurs mains nues. Il y a eu déjà trois morts. Vous croyez que ce n'est pas assez ! Il faut que notre pays travaille, progresse, se développe.

— La politique générale de mon équipe et de moi même est toujours allée dans ce sens.

— Mal, Monsieur le président. Ce n'est pas sur le pays que vous travaillez. Votre choix était fait depuis l'indépendance, et même le moins informé le sait. Vous tabliez, et surtout votre gouvernement, sur vous-même.

— Vous êtes des hommes à courte vue.

Le délégué leva une main.

— Nous voyons bien ce que vous faites depuis trois ans.

— Le danger, c'est que vous ne savez que revendiquer.

Quand il l'eut dit, il s'arrêta net, comme frappé d'une idée soudaine, et il ajouta :

— Vous êtes des hommes dangereux pour les ouvriers.

Le délégué ne bougea pas. Il reprit :

— Vous êtes une menace pour la classe ouvrière : vous la poussez dans un cul-de-sac dont elle risque de sortir asphyxiée. Je ne peux l'admettre.

Il parut oppressé. Il avait parlé trop rapidement et avec trop d'effort. Il alla s'asseoir à son bureau et se força à jouer avec un trombone pour paraître tranquille.

Le délégué ouvrit ses deux mains devant lui, et répondit :

— Monsieur le président, je reprendrai la conversation à son point de départ : au sentiment qu'a le peuple d'une injustice sociale totale. La conscience de cette injustice est de plus en plus vive dans le pays.

Il exposa les dernières revendications des grévistes.

Tout en l'écoutant avec une profonde attention, le président évaluait mentalement les enjeux. Ils étaient infiniment plus importants qu'il ne s'était imaginé en évaluant les rapports de son ministre de l'Intérieur. Il pensa que ses collaborateurs directs qui considéraient la cause comme définitivement perdue n'avaient pas tort.

La simple grève de protestation prenait maintenant la forme d'un soulèvement populaire ! Les délégués faisaient pression sur lui pour qu'il abandonne ses ministres, ou qu'il démissionne lui-même.

Cette fois Youlou avait perdu sa belle assurance. Il feignit la décontraction.

— Eh bien, j'accepte votre conseil, messieurs, mais c'est parce que je ne veux pas voir mon pays souffrir à cause de vos bêtises.

Maintenant que le coup était porté, plus fort sans doute qu'il ne l'eût voulu, il se prodiguait dans sa volonté de dialoguer. Il prit une décision tardive.

Il promit de réviser sa politique dans le sens recommandé.

— Quoi qu'il arrive, dit-il, je ne demeurerai pas aveugle au mouvement d'opposition qui se développe. J'accepte de congédier tous mes ministres. J'ouvrirai des négociations avec vous pour former un nouveau gouvernement. Ainsi aurai-je fait de mon mieux pour éviter le pire, pour empêcher la catastrophe que vous rendez imminente et pour sauver le pays du chaos. Maintenant, laissez-moi seul.

Il fit le geste de se lever. Les délégués étaient debout.

Lorsqu'ils furent partis, il décrocha le téléphone et composa, l'un après l'autre les numéros du vice-président, des ministres de l'Intérieur et d'État.

Le président se tenait dans son bureau, assis non pas à sa table de travail mais dans un de ces fauteuils qui ornaient la pièce.

Assez troublé par les propos échangés avec les délégués, son cœur, pendant un moment, demeura confondu et son esprit coula dans une double dérive.

Dans sa tête, les images se succédaient sans liens, encore que les plus urgentes se représentaient avec une plus grande périodicité. La plus urgente avait pour cadre ce bureau. L'autre, les phrases de la conversation qu'il avait eue la veille au soir avec ses ministres qu'il avait assurés de sa solidarité.

Il se leva brusquement, crispé, et se mit à arpenter la pièce. Vingt minutes venaient de s'écouler depuis son entretien avec les délégués. Un miroir lui renvoya son image. Il se trouva vieilli en quelques heures, presque lugubre. La colère qu'il contenait pendant la discussion prit le dessus :

— Quel salaud, ce délégué !... dit-il.

L'expression lui avait jailli des lèvres. Mais il n'aurait pu dire pourquoi le mot délégué au singulier lui était venu plutôt qu'un autre. Il savait bien que toutes les organisations syndicales étaient après lui. Ce qui alimentait sa colère, c'est qu'elles étaient composées de certains hommes pour lesquels, en définitive, il n'éprouvait aucune antipathie particulière.

Il alla s'asseoir dans un fauteuil en face de son bureau, puis prit la tête dans ses mains. Il resta ainsi un long moment, immobile. Un instant, il fut en proie à une sorte d'hystérie. Toute tentative de raisonnement lui faisait physiquement mal. Il avait l'impression que tous les canaux de son cerveau étaient atteints d'inflammation nerveuse.

Puis son esprit redevint clair et léger, si léger qu'il croyait percevoir les mouvements de son cerveau. On eût dit qu'il essayait d'élaborer une pensée, un message quelconque. Amère illusion ! Son cerveau vide était incapable de songer. Autour de lui, rien qu'une cavité sombre et sans forme où il restait plongé, impassible.

Il poussa un profond soupir, légèrement honteux de lui-même. Assis depuis une demi-heure seulement, il lui semblait qu'il était resté là plusieurs heures, lorsqu'il sursauta violemment. On frappait à la porte.

Déjà ! Il resta assis, immobile, dans l'espoir futile que l'homme derrière la porte, quel qu'il fût, s'en irait après un seul appel. Mais non, le bruit se répéta. Le pire serait de faire attendre. Son cœur battait à se rompre, mais son visage, grâce à une longue habitude, était probablement sans expression.

— Entrez, dit-il.

Ce que fit l'Intendant.

— Messieurs le vice-président et les ministres sont arrivés, votre Excellence.

— Ah ! Je les avais complètement oubliés... Faites entrer.

Le président était toujours vautré dans son fauteuil. Dès l'entrée, le vice-président et les ministres furent frappés par le visage grave du chef de l'État. D'un geste de la main, il leur indiqua des sièges. Et quand ils furent assis :

— Nous ne ferons pas, dit-il, de préambule. J'ai deux raisons au moins pour être bref : la première est que la situation devant laquelle je me trouve en ce moment ne me permet ni de larges exposés ni de discussions longuement soutenues, je vous prie de m'en excuser. La seconde est que j'ai un autre rendez-vous dans un peu plus d'une heure. Par ailleurs, si je n'exprime pas autrement l'estime dans laquelle je vous tiens, l'invitation que je vous ai faite, et l'objet de cette invitation, me dispensent d'un autre discours. Je vous sais au courant des événements qui se déroulent dans le pays et je sais aussi que vous avez là-dessus vos idées. Vous avez également vos opinions sur ce qui pourrait être les causes de cette situation.

Il fit une pause, leva ses sourcils. La respiration lourde, il continua :

— ... Pour régler ce drame dont vous êtes les éléments essentiels...

— Il ne faut rien exagérer, Monsieur le président, coupa le vice-président. Nous comptons pour peu dans ce comportement général que nous prête l'opinion publique.

— Les gens en sont sûrs, dit le président, comme ils sont sûrs qu'ils sont au courant de vos mouvements.

— Les syndicalistes sont venus uniquement pour demander notre renvoi ?

— Il n'y a pas que cela. Mais laissons les syndicalistes là pour l'instant. Pour le moment, ce ne sont pas eux qui m'importent, c'est moi, et plus exactement c'est le sens que je prétends imprimer à mes responsabilités. Ce sont des responsabilités toutes nationales. Les unes ne relèvent que de moi ; les autres s'insèrent dans toute l'équipe gouvernementale. Pour les premières je jouis de mon autonomie, non pour les secondes. Mais avant d'en venir à vous, puisque c'est de vous qu'il s'agit, il est indispensable que je vous expose mes propres vues afin de m'assurer de leur concordance avec l'ensemble des vôtres.

Il se redressa dans son fauteuil.

— En premier lieu, la situation présente ne peut être réglée que par une entente entre ces organisations syndicales et le gouvernement. Je n'attends plus aucune discussion constructive si le gouvernement actuel reste en place, alors que je l'attends d'une nouvelle équipe. C'est là le premier point.

En second lieu, j'ai décidé de ne pas m'aligner sur tout le projet des syndicalistes. Je l'ai décidé parce que je les vois s'orienter vers des fins qui ne tiennent pas compte des vrais problèmes posés par la situation économique mondiale. La crise actuelle n'est pas la conséquence d'une discordance entre les faits et leur interprétation. C'est une crise structurelle mondiale. Après ces événements, le fossé creusé par l'aveuglement des syndicalistes sera fait de ruines.

Il se redressa de nouveau et continua :

— La volonté que j'ai d'accepter les propositions des syndicalistes pour endiguer cette manifestation dont on n'attend rien de bon est une volonté sage. Seulement on ne l'endigue ni ne la refoule par la cœrcition. C'est aller aux ruptures internes dont on ne peut prévoir les suites.

Le vice-président et les deux ministres firent signe de la tête qu'ils étaient d'accord.

— Bien, dit le président. Nous pouvons poursuivre. Les événements ont pris une autre tournure. Les responsables syndicaux déclarent possible, après votre démission, de participer à la formation du nouveau gouvernement pour satisfaire les revendications des manifestants. Mais il leur est nécessaire de poser ce postulat qui les sert dans la conjoncture actuelle. Ils y gagnent, je le sais, le temps de s'affermir. Je m'accorde, malgré moi, à ce postulat. Ainsi faisant, je me place en position non pas de rejet mais de collaboration. Non seulement j'accepte de jouer la partie, mais j'ouvre le jeu et même je m'y insère, pour sauver ce qui peut être sauvé. Car il s'agit bien davantage, exactement de l'avenir du pays qui est en ce moment mis en question... Vous me comprenez ?

Les autres secouèrent la tête en signe d'approbation.

Le président se leva et fit le tour de la table. Il s'approcha de ses collaborateurs. Sa main se posa sur l'épaule de chacun d'entre eux.

— C'est une chose très difficile que de se séparer de ses amis, dit-il d'une voix basse.

C'était dur à dire. Le fait est qu'il était acculé.

Les autres ne bougèrent pas.

Il alla vers la porte. Il s'arrêta un instant, la main sur la poignée et dit :

— Je vous remercie tous les trois.

— Que devons-nous faire maintenant ?

— Qu'est-ce que j'en sais ? Ce que vous voudrez.

— Pouvons-nous partir ?

— Bien sûr ! Vous pouvez disposer. Encore merci de m'avoir aidé dans ma tâche pendant ces trois années où nous avons travaillé ensemble.

— Bonne chance, dirent-ils en le quittant.

— Merci...

Lorsqu'ils arrivèrent à la porte pour sortir, le président les interpella d'une voix changée.

— Demain, nous aurons le dernier Conseil des ministres au cours duquel j'annoncerai officiellement la démission du gouvernement.

*
* *

Impatients, les gens attendaient, place de la gare. Ils attendaient quoi ? Sinon précisément le mot de la victoire ! Et quelle réponse apporteront les délégués ?

Les minutes semblaient longues pour eux qui voulaient tout de suite savoir.

— L'embêtant, hurla quelqu'un, c'est qu'ils reviennent sans obtenir satisfaction...

— Dans ce cas, il doit démissionner.

— Nous avons trop attendu... Notre patience a des limites. Maintenant, il doit partir, quelle que soit sa réponse.

Une houle agita les têtes. Quelques-uns crièrent :

— C'est ça !... Nous sommes d'accord, qu'il démissionne.

— Démission ! Démission !

Les lèvres semblaient marcher toutes seules, se chargeant de ce mot. Maintenant les gens caressaient le rêve de voir la chute de Youlou et avec lui, le passé, pour construire quelque chose de nouveau. « Qu'il s'en aille, disaient-ils, et qu'il laisse la place à un homme qui sache incarner le destin du pays, le relever, donner au Congo un avenir de gloire ».

L'expression de leur volonté était d'opérer une rupture avec tout ce qui avait été jusque-là, casser définitivement avec un système politique dont le comportement et le fonctionnement étaient contraires à leurs attentes, à leurs espoirs.

Tandis que d'interminables minutes passaient, une nervosité agitait la foule. Les gens se bousculaient, se mêlaient les pieds, se marchaient sur les talons, se touchaient des mains, des coudes, et criaient :

« Démission ! Démission ! »

Dans ce redoublement de tumulte, une poussière montait de la place, empoisonnait l'air. Soudain, une voix s'écria :

— Voilà les délégués ! Ils sont là, ils sont de retour.

Tout de suite, ils sautèrent de la voiture et montèrent

à la tribune. Un silence se fit. Le chef de la délégation parla. Il s'excusa d'abord de la longueur qu'avait prise l'entrevue. Sa voix sortait pénible et fatiguée, mais il s'y était habitué.

La foule écoutait en silence cette voix rauque qui résumait l'entretien avec le président de la République. Brusquement, elle laissa éclater sa colère quand il annonça la proposition de Youlou. Les gens crièrent d'une seule voix :

— Non !...

Les délégués se regardèrent. Le président soupira. La foule oscilla. Pourquoi réagissait-on violemment à la proposition du chef de l'État ? Que se passait-il donc ?

Étant donné l'humeur de la foule, le président du Comité se concerta avec ses collègues.

— Croyez-vous que le départ du président est une bonne chose ?

Le président se retourna et prit son temps. Puis, frappant les mots de sa voix grave au ton parfois fougueux :

— En toute conscience, dit-il, je vous répondrai que, selon moi, le président a complètement failli aux devoirs de sa charge. Il doit démissionner. Mais ce n'est pas à nous de décider.

Il y eut un murmure. Il se redressa et leva le bras. Le silence se fit.

— Que voulez-vous, camarades ?

— Nous rejetons cette proposition.

— Camarades ! C'est cela que vous vouliez, non ? Il va renvoyer tous ses ministres...

— Il est trop tard maintenant. Il doit démissionner.

— Quoi ?

— Nous lui avons tendu la main. Il n'a pas voulu la saisir. Il a manqué sa chance. Il l'a manquée parce qu'il a sous-estimé notre force. Maintenant nous exigeons son départ... Il doit partir.

— Nous ne voulons plus de lui comme chef.

« Démission ! Démission ! »

Les paroles et les pensées ne se rapportaient maintenant qu'à la démission du président de la République.

— Il doit démissionner.

— Oui, rendons-nous au Palais pour l'obliger à partir.

— Camarades, cria le président du Comité, dominant le vacarme. Écoutez-moi. Ça n'avance pas à grand'chose, d'aller tous là-bas. Puisque nous avons engagé la discussion avec lui, autant nous laisser retourner négocier avec lui cette possibilité.

— Oui, c'est juste !... Allez-y, nous vous attendrons. Faites vite.

*
* *

Dans le Palais, une solitude feutrée de silence avait pris possession de l'immense pièce claire, coupé seulement par le chant d'oiseaux et le tic-tac régulier de l'horloge. Le président était en proie à une vive inquiétude, difficile à définir. Il essaya de se le cacher.

Il se dirigea lourdement vers la fenêtre. Il s'arrêta au milieu de la pièce, regarda autour de lui comme s'il avait eu le dessein de rencontrer quelqu'un, mais ne vit que le bureau devant lequel il était assis tout à l'heure.

Il eut soudain besoin de sortir de cette solitude. Il est certain qu'il en souffrait, mais il ne pouvait s'en ouvrir à personne. Par moment, entre les quatre murs de son bureau, cette solitude se mettait à lui peser dessus comme un poids. Le regard qu'il porta aux alentours ne rencontra plus du passé et de l'avenir que les éléments qu'il voulait précisément éviter.

Brusquement, il perçut le bruit qu'il connaissait. C'était le ronflement de moteur de la voiture qui ramenait les délégués. L'automobile s'arrêta en bas du perron, devant le Palais, sans qu'il pût l'apercevoir.

Il regarda sa montre.

Bon, il était cinq heures. Il n'était que cinq heures !

De la fenêtre, par le coin du rideau, il les vit desendre du véhicule. En les regardant... c'était l'extrême de ce qu'il pouvait voir, l'endroit où ils montaient les marches du perron ; mais il les apercevait. Même, il ne voyait qu'eux. C'était tout le paysage plutôt qui avait l'air d'être ancré sur eux, comme une image fixée par deux épingles, en haut à droite d'un mur.

Il manquait encore une minute avant l'instant précis où ils frapperaient à la porte. Mais il fallait une minute pour monter du perron au bureau du président.

— Le hasard est par trop moqueur ce soir, se dit-il avec amertume.

Et il attendit là, debout. Le rideau avait déjà repris son carré vide, pourpre et lumineux.

A pas lents, les délégués se dirigèrent vers le bureau où ils étaient sûrs de retrouver le président. Les visages graves inquiétèrent le chef de l'État qui redoutait une mauvaise nouvelle.

— Monsieur le président.

— Qu'y a-t-il encore messieurs ? dit-il un peu agacé... Une autre revendication à satisfaire !

— Hélas, oui, Monsieur le président. Et ça sera la dernière.

Le lugubre pressentiment du président se confirmait. Il se plia comme un arc pour s'asseoir sur un fauteuil à proximité de la fenêtre.

— Expliquez-vous, commanda-t-il d'une voix lasse.

— Ce n'est pas aussi simple...

— Écoutez, lâcha le président, ça ne peut plus durer, cela commence à me lasser. Allez droit au but, voulez-vous.

Le chef de la délégation haussa les épaules.

— Ça m'ennuie de vous le dire, mais voilà, le peuple... le peuple...

— Ce n'est pas la même chose, se hâta d'ajouter le président. Ce n'est pas le peuple, ce sont des manifestants...

La suite de la réponse l'arrêta.

— Le mot de manifestant a des sens divers et nombreux, Monsieur le président. Il y a des gens qui manifestent pour la défense catégorielle de quelque chose. Il y a des gens qui manifestent pour une cause qui dépasse cette simple dimension de revendication sociale. Ce dernier comportement peut être la traduction du sentiment national, et c'est le cas aujourd'hui. Je dirai franchement, et bien que cela me soit pénible de vous le dire : c'est le peuple tout entier, à travers ces manifestants, qui vous demande de démissionner.

Le président était si loin de s'attendre à quoi que ce soit de ce genre qu'il eut un sursaut. Il leva les yeux et son regard lança un éclair hostile dans la direction de son interlocuteur.

— Quoi ?

— Le peuple vous demande de partir.

La colère que le président éprouva à ce moment fut immédiate et totale.

— Brrr !...

Son corps fut brusquement recouvert d'une ondée de sueur chaude. Il sentit un profond déchirement comme si son cœur étouffait puis éclatait. Il n'y avait aucun mot pour sentir autre chose. Son visage se transforma. Les plis de la bouche, comme si un élastique céleste les avait lâchés, s'affaissèrent, le nez se pinça. Les délégués virent ces traits décomposés et crurent à un malaise. Ils ne se doutaient pas qu'ils assistaient à un mouvement volcanique de l'âme, à une de ces tempêtes intérieures qui ne pourrait s'apaiser que par une explosion au grand jour.

Il le fixa d'un regard effrayant et dans toute sa figure soudain cruelle, dans ses dents qui grinçaient sous ses lèvres, dans ses yeux plissés par la colère, apparut encore plus vivement quelque chose de fauve. Il cria :

— Jamais !

L'écho de sa voix emplit tout le Palais. Tout ce qui se passa dans les minutes suivantes se confondit dans sa mémoire comme à travers un épais nuage ; les contours des événements qui se précipitaient devenaient flous. Le temps semblait galoper.

Il détourna un moment la tête, puis de ses yeux fixes, il dévisagea en silence l'un après l'autre les délégués avec une expression presque farouche. Revenu de son trouble, il répondit doucement mais d'une voix résolue en faisant un geste de la main :

— Non, non... ça ne marche pas... Ça, jamais... jamais je ne démissionnerai.

Des petits soupirs pénibles accompagnés d'un râle rauque et gras s'arrachaient de sa poitrine. Souffrait-il ? Il secoua sa tête :

« Ingrats... », grommela-t-il.

On ne l'entendit pas.

— Mais...

— Mais quoi !... Avouez que ce que vous me demandez là est irréalisable.

— Vous n'avez plus le choix, Monsieur le président, vous devriez démissionner.

Le président se redressa d'un bond.

— Moi ! Rien à faire. Mais de quel droit exigez-vous ma démission ?... Je reste.

— Je me permets d'insister, Monsieur le président.

— J'ai dit non, non et non. C'est inutile d'insister... On ne touchera pas à la République... On ne touchera pas au pays.

— Monsieur...

Il sentit bouillir en lui à son égard le tourbillon d'un indescriptible mouvement de rage et de haine. Il se retint de pousser un hurlement de colère par crainte de sentir éclater un vaisseau sanguin ; sa tête tournait et il avait le vertige. Son expression de fureur gêna les délégués.

— Trêve à cet entretien. En voilà assez, et allez-vous en.

Les délégués restèrent un moment troublés, puis partirent.

Découragés, comme vaincus, les délégués revinrent place de la gare. Le soir tombait déjà dans les rues. Et avec lui le terrible moment de l'attente. Les conversations s'arrêtèrent. Le silence régna.

Un moment de flottement.

— Et alors, cette entrevue ? demanda enfin quelqu'un.

On avait peur de poser la question surtout quand la réponse devait être décisive. Il semblait qu'ils voulaient prolonger l'indécision, par peur de ce qu'ils craignaient. Enfin, la question était posée. Les cœurs mordaient les poitrines et battaient d'anxiété. Tous écoutaient dans l'angoisse.

— Eh bien ! Camarades, ça n'a rien donné, dit le chef de la délégation... Le président refuse de démissionner.

— Quoi ! crièrent ceux qui n'avaient pas bien entendu.

— Le président ne veut pas démissionner, répéta-t-il.

A ce mot, la foule hurla dans un frémissement de colère.

— Nous ne nous laisserons pas faire... C'est simple, nous nous battrons jusqu'au bout. Nous lui avons donné sa chance, il n'a pas voulu la saisir, alors il doit partir.

— Nous irons tous au Palais l'obliger à démissionner.

— Tous au Palais... au Palais !...

— Oui, nous ne voulons plus de lui maintenant comme président.

— Qu'il s'en aille.

— Au Palais ! Au Palais !

— Camarades ! Camarades ! répétait inlassablement le président du Comité, épuisé, enroué à vouloir obtenir une minute de silence, pour l'entendre définitivement.

Enfin, on l'écouta.

— Camarades ! Que voulez-vous faire, aller au Palais ?

— Oui ! Oui ! hurlèrent les voix.

— Rendons-nous tout de suite au Palais pour l'obliger à démissionner.

Le temps de sonder un peu la foule, de sentir sa détermination, le président fit un petit geste des doigts comme pour égrener quelque chose.

— D'accord... D'accord. Nous irons au Palais, mais pas ce soir.

— Non ! Non !

— Écoutez... Camarades ! Écoutez-moi. Il est tard pour aujourd'hui d'aller au Palais. La nuit va bientôt tomber. Demain matin, si vous le voulez bien, rendez-vous de nouveau ici et nous déciderons ensemble la marche sur le Palais. Cette place de la gare sera notre point de ralliement. Nous partirons d'ici.

L'ouragan de ces milliers de voix emplit le ciel.

Ne rien faire quand la foule était encore sous pression et leur dire de se préparer à faire quelque chose demain, cela ne semblait pas logique.

Et pour la majorité des femmes et des hommes, ce qui montait au-dessus de tout, à ce moment-là, c'était ce sentiment que tout était foutu s'ils ne faisaient rien ce soir-là.

Une vive protestation s'éleva dans la foule.

— Ce n'est pas possible !

— Et surtout qu'on reste là, les bras croisés ! cria Henri.

— Qu'est-ce que tu veux faire ? lui demanda Paul.

— Est-ce que je sais, moi ! C'est pas moi qui dirige.

— Justement, ceux qui dirigent disent que demain on peut... pas ce soir.

— Demain ! Demain ! Toujours demain !

Il se redressa sur la pointe des pieds, tendit le cou et montra la foule tout autour de lui.

— Et tout ça, ce n'est rien ! On est là pour rien ?

— Rien à faire, mon vieux. La nuit va bientôt tomber. Dans ces conditions, je crois qu'il vaut mieux, pour aujourd'hui, ne rien faire. Les syndicalistes ont fait tout ce qu'ils ont pu. Demain, ce qui devra être, sera fait.

— En tout cas, ce qu'on n'a pu obtenir aujourd'hui, on saura encore moins l'obtenir demain.

Henri, ce qui le poussait, c'était de parer à toutes les manœuvres possibles du président, y compris celle dont ils ne pouvaient avoir aucune idée à l'avance.

— Tout est joué pour aujourd'hui.

— Il n'y a pas de demain.

— Oui, il n'y a pas de demain qui tienne.

— Ce qui compte, c'est d'arriver demain au Palais sans danger.

— Demain, à quoi ça servira ?

— A protester, des cris, des mots, des gestes ? Et il restera toujours là ! Du vent. Il n'y a qu'aujourd'hui qui compte.

— Encore une fois, aujourd'hui, c'est cuit. Tu vois bien que ce n'est pas possible !

— C'est justement ça ! Et alors, si on n'est pas capable de l'obliger, on est utile à quoi ? Et jusqu'où on va reculer comme ça !

— Si on se laisse faire, alors, ce sera pire.

— Il ne restera bientôt plus qu'à se cacher, si on ne veut pas...

— Quoi ? Il ne restera plus... Tu veux dire !... Et ceux qui sont morts depuis hier, tu veux dire qu'ils sont morts pour rien ? C'est pas une manifestation ordinaire...

— Ce n'est pas ça que j'ai voulu dire...

Le président du Comité frappa des mains.

— Camarades ! un peu de silence s'il vous plaît... S'il vous plaît, restez tranquilles, je vous prie.

Le brouhaha s'interrompit.

— Camarades, répéta-t-il, nous comprenons ce que vous ressentez... Évidemment il y a des camarades qui sont un peu excités parmi nous. Des bons camarades. Ils ont voulu déjà partir tout de suite, tout seuls au Palais. Il a fallu leur montrer que c'était mieux tous ensemble, même si c'était plus tard. Aller au Palais ce soir, c'est risqué, c'est du suicide. Les militaires barrent toutes les routes qui mènent à la Présidence. Comme ils ont pris position partout, on ne sait pas ce qui peut arriver dans la nuit. Nous avons déjà eu trois morts, ça suffit. Je vous propose d'attendre demain matin. A partir d'ici, nous marcherons tous ensemble, la main dans la main sur le Palais. Et nous irons jusqu'au bout... Encore une fois je répète, aller maintenant au Palais, ce serait dangereux. Demain en plein jour, oui !...

La nuit, cette fois, était presque tombée.

— C'est d'accord ?

— Oui, oui, crièrent les voix, il a raison.

Dans le tumulte qui suivit, une voix chanta, d'autres se joignirent à elle et les cris s'éteignirent dans les sons du chant.

« On a tout détruit,
« Nous bâtirons de nouveau,
« Il suffit de la liberté,
« Congo o o. »

La chanson emplit la place, s'élevant toujours plus haut, dans tout Brazzaville comme une vague de foi inaltérable.

Ils avaient la conscience aiguë et tragique de vivre les moments historiques dont ils savaient à cet instant-là qu'ils prendraient un sens plus tard. C'était comme une nécessité impérieuse que de sentir en eux ce qui, seul, donnait de la consistance à leur raison, celle qui était au plus profond de leur pensée et de ces instants qu'ils vivaient. Tant il était exact que c'était sur cette raison seule qu'ils pouvaient s'appuyer pour reconstruire ce qu'ils avaient ou allaient détruire.

La foule, en chantant, coula sur la route en un torrent débordé. Puis elle s'éparpilla. Les uns après les autres, les gens s'en allaient qui à droite, qui à gauche, vers les maisons, s'enfonçant dans la nuit, glissant le long des clôtures.

*
* *

Les ombres lourdes de la nuit brazzavilloise s'abattirent rapidement sur la ville en ébullition. Déjà, aiguës, les étoiles se montraient.

Ce soir-là, durant plusieurs heures, Thomas était nerveux. La situation était grave. Il ne savait pas comment elle allait évoluer.

Comment faire ?

Le Groupe s'était dispersé, quelques camarades à Pointe-Noire et Dolisie, d'autres en mission aux Etats-Unis, d'autres encore en France. Il ne restait plus à Brazzaville, parmi les militants actifs, que trois responsables dont un syndicaliste.

Il pensait à tous ses amis, quand le téléphone sonna. Il prit l'appareil soigneusement dissimulé dans un coin.

Oh !... oui... oui... bien sûr. Je suis là. A tout de suite, je t'attends.

Et il raccrocha.

Préoccupé, il s'étendit sur le canapé et croisa les mains sur son ventre. Il savait que celui qu'il appelait le collègue prendrait très rapidement contact avec lui. Voilà, c'était fait. Il se sentit en quelque sorte soulagé.

Il avait fait la connaissance du collègue et du commandant trois ans plus tôt. La rencontre avait été organisée par un ami commun, qui savait l'officier et le sous-officier pleins de sympathie pour le Congo.

Au début, leur grade dans l'armée coloniale le rendait méfiant vis-à-vis d'eux. Mais, sans doute, la générosité naturelle de ces derniers avait-elle su toucher le cœur de l'agitateur. Les officiers avaient déjà atteint plus de la trentaine et, bien qu'ayant passé la majeure partie de leur vie dans leur pays natal, la Martinique, sans grand contact avec les populations africaines, ils étaient profondément offusqués de la condition dans laquelle ils voyaient le pays. Typiquement antillais, ils avaient le sourire abondant, et leur visage exprimait une séduisante bonté. Depuis lors, ils étaient devenus amis. Lui se consacrait clandestinement à son mouvement politique, tandis que le sous-lieutenant et le commandant faisaient leur devoir dans l'armée française stationnée à Brazzaville.

Il n'avait pas eu l'occasion de les voir pendant un certain temps. Mais depuis le début des événements, surtout la dernière semaine, les rencontres étaient plus fréquentes.

Les idées se bousculaient dans son cerveau lorsqu'on frappa à la porte.

— Oui.

Il alla ouvrir, et un coup de vent apporta, en même temps que le souvenir du froid qui régnait au dehors, la voix du visiteur.

Le sous-lieutenant apparut sur le seuil. Le visage de Thomas s'épanouit en reconnaissant le collègue. Ils se serrèrent la main.

— Je suis ravi de ta visite. Veux-tu entrer ?

— Merci.

Ils accédèrent ensemble au salon.

L'officier reprit :

— J'ai une heure devant moi.

Thomas lui désigna un fauteuil en face de lui. Le sous-lieutenant poursuivit :

— On peut parler tranquillement ?

Thomas lui coula un sourire rassurant.

— Bien sûr.

— Très bien.

Thomas se leva et se dirigea vers la cuisine.

— Veux-tu boire quelque chose ?

Le sous-lieutenant fit oui de la tête. Thomas disparut trois bonnes minutes et revint avec un plateau sur lequel il avait déposé la bouteille de whisky et deux verres. Il posa le tout sur la table. Pendant le silence qui suivit, Thomas s'empara de la bouteille et servit.

— A la tienne.

— J'ai eu une entrevue avec le commandant, dit le sous-lieutenant en avalant sa première gorgée.

Thomas le fixa de son regard.

— Je m'en doutais... C'est pourquoi je voulais te voir.

— Et c'est pourquoi je suis venu, conclut l'officier, le visage brusquement épanoui.

— Alors ?

Le sous-lieutenant haussa les épaules. Il ne répondit pas. Plutôt si... Il répondit par une question :

— Comment se porte le mouvement ?

Thomas expliqua la situation, vue de leur côté, précisant tous les détails. Il parla sans élever la voix. Le sous-lieutenant attendit calmement la fin des explications, puis poussa un grand soupir.

— Évidemment, la situation n'est pas claire.

Il fit une pause puis continua :

— Le commandant s'est entretenu avec le général de Division sur la situation.

Thomas rentra la tête dans ses épaules. Le sous-lieutenant, toujours à son aise, s'arrêta un instant pour chercher sur le visage de Thomas une quelconque approbation. Mais il ne dit rien. Il attendait la suite. Et le sous-lieutenant ajouta :

— Tu veux que je te fasse part de mes impressions ? Eh bien si vous voulez le pouvoir, réfléchissez. Et très vite car les événements risquent de se précipiter.

— Lieutenant, peux-tu être plus clair ?

— Avez-vous l'intention de prendre le pouvoir oui ou non ?

— Évidemment, si vous n'intervenez pas.

— Pour éviter tout malentendu, je tiens à te prévenir que cet entretien n'a rien d'officiel.

— Oui, bien sûr.

Thomas répondit par un sourire amical. Il voulait faire preuve de cette confiance à laquelle il lui devait son amitié.

— Tu acceptes bien de prendre un autre verre ?

— Ma foi pourquoi pas, mais alors une seule goutte. Je ne supporte pas très bien l'alcool.

— Et nous avons beaucoup à voir ensemble.

— C'est aussi mon opinion.

— Lieutenant. Nous sommes entre amis. Nous nous comprenons, nous pouvons parler.

Il s'arrêta là une seconde, le temps de faire sauter le bouchon de la bouteille de whisky et de remplir les deux verres. Lorsque l'officier prit le sien et le porta devant son visage pour en respirer le parfum, Thomas continua :

— Mon cher lieutenant, tu sais certainement beaucoup plus de choses que nous. Dis-moi, que sait le général de Gaulle de la situation actuelle ?

L'officier but une gorgée de son whisky. Il réfléchit un moment, et après avoir reposé son verre sur la table, il répondit :

— En définitive, je sais peu de chose là-dessus. Mais je pense que cela dépend de ce que les services de renseignements lui ont transmis. Je crois que l'Élysée veut changer les choses. De Gaulle est excédé par le comportement de Youlou. Beaucoup d'accusations se sont accumulées contre lui depuis qu'il est à la tête de l'État.

Thomas haussa les épaules. Le sous-lieutenant fit une pause et se mit à expliquer quelques détails sur l'état d'esprit qui régnait dans l'armée française. Puis il dit :

— De toute manière, le général de Division et certains officiers à l'état-major sont en train d'œuvrer pour qu'on enlève Youlou et le remplacer par quelqu'un d'autre. Mais ils veulent s'assurer avant tout que les futurs dirigeants n'agiront pas contre les intérêts de la France. Pour le moment, ils laissent les événements évoluer. En haut-lieu, ils pensent aussi aux moyens de pression politique afin de responsabiliser Youlou politiquement. Une des possibilités serait de le démissionner.

— J'ai toujours pensé, répliqua Thomas, que le seul moyen c'est en effet d'amener Youlou à démissionner. Mais elle ne se fera point sans que de Gaulle exerce sur lui une pression politique... Tu ne veux pas prendre un autre verre ?

— Non, merci.

Thomas se versa et but un fond de verre.

— La question ne se pose pas à vous ici à Brazza ; elle se pose à Paris. Cette entreprise que nous menons aujourd'hui, ce n'est pas pour des avantages particuliers que nous la menons, c'est pour l'établissement de la justice sociale et le maintien de la paix dans notre pays. Si de Gaulle ne révise pas sa politique dans le sens des événements qui se déroulent en ce moment à Brazzaville, la vie de Youlou et les intérêts français au Congo se trouveront menacés.

Il se redressa, souffla, frotta ses doigts sur ses paumes.

— Je t'avertis que nous sommes déterminés à aller jusqu'au bout. Nous avons assez de force pour cela car nous avons le peuple avec nous. Et là-dessus, vous n'avez rien à dire. Il est clair que nous avons pris la direction du mouvement. Nous l'avons prise par nécessité. Nous l'avons prise parce que nous sommes les seuls à pouvoir opérer le changement dans ce pays... Voyons, est-ce que Youlou est encore capable de le faire ?

— Nous en reparlerons, dit l'officier.

Thomas eut de la main un geste qui balayait l'objection.

— Nous avons engagé contre Youlou un combat que nous voulons gagner. Et parce que nous avons cette force, cette volonté d'aller jusqu'au bout, la France ne peut qu'accepter cette réalité.

L'officier prit un air ennuyé.

— Mon cher Thomas, je suis attentivement l'évolution de la situation. Certes vous avez le peuple avec vous. Il n'y a personne qui en disconvienne et personne non plus pour mettre en doute votre détermination. Mais il reste encore tout de même, ici, une certaine autorité française. Vour pourriez l'annihiler, le cas échéant, par une solution politique ? Hé, on ne connaît pas d'avance les résultats. Mettons pourtant que c'est possible. Et après ?...

Thomas hocha la tête.

— Bon... Nous n'allons pas discuter longuement ce sujet, reprit l'officier. Si vous, vous savez ce que vous allez faire, comme tu le dis, pour savoir ce que peut décider le général de Gaulle, je ne le sais pas, moi. Je préfère donc que nous revenions à notre discussion antérieure.

— Comme tu veux.

— Vous pouvez réussir votre coup. Tout le monde en

est convaincu. Et vous savez bien que je ne serai pas le seul à me réjouir de ce changement.

— Oui, nous le savons, répliqua Thomas. Mais de Gaulle aura son mot à dire.

— De Gaulle, d'accord. Mais les communistes également, à commencer par ceux du Congo, ajouta l'officier.

— Je vois que vos services de renseignements fonctionnent magnifiquement, répondit Thomas.

— Le sous-lieutenant éclata d'un gros rire, la tête en arrière. Un rire communicatif, puisqu'à son tour, Thomas ne tarda pas à s'esclaffer.

— Je crois que nous nous comprenons parfaitement, dit enfin l'officier.

— Certainement.

— Il le faut.

— Tout à fait normal.

Il ajouta :

— A ton avis, comment va évoluer la situation ?

— C'est-à-dire ?

— Que va faire la France ?

— Les Français ne bougeront pas.

Et comme sa main balayait l'air, il insista :

— Si... Si...

— Alors, la route du Palais est libre ?

— En quelque sorte... Maintenant dis-moi, si vous voulez prendre le pouvoir, accepteriez-vous notre concours ?

D'abord interloqué, Thomas s'en trouva en définitive satisfait. Il le regarda droit dans les yeux. C'était là qu'il voulait en venir.

— Naturellement, fit-il de plus en plus surpris par la spontanéité de la question.

Le regard franc de l'officier se posa sur le visage souriant de Thomas.

— Soyez persuadés que c'est par amitié pour vous tous que nous faisons cela, le commandant et moi-même.

— Je crois qu'on peut vous faire confiance.

La nuit tombait lentement. Le sous-lieutenant regarda sa montre.

— Il faut que je parte, dit-il.

Il semblait à Thomas que leur victoire se reflétait à travers la conversation qu'il venait d'avoir avec le collègue. Comme il restait silencieux, l'officier se leva.

— Heureux de vous rendre service.

Thomas sortit de son rêve.

— Merci pour tout ce que vous faites pour nous.

— De rien, pas besoin de me remercier, ne sommes-nous pas des amis ? Entre amis, c'est tout à fait normal de s'entraider. Et puis, j'aime votre pays... J'aime le Congo et je voudrais le voir changer.

Thomas se leva à son tour et serra la main que le sous-lieutenant lui tendit. Il l'accompagna jusqu'à sa voiture.

Ils se séparèrent, dans un début de sourire.

*
* *

Le président de la République se tenait toute la journée dans son bureau, dont il songeait que c'était son unique refuge. Des cris et des chansons résonnaient au loin, mais le silence régnait dans l'enceinte du Palais. Un silence qui révélait son angoisse.

Il restait là, interdit, perdu dans une sorte de brouillard, cherchant désespérément comment se sortir d'affaire.

Il retira, l'on eût dit avec difficulté, ses mains de la table où il les avait posées. Il redressa de toute sa longueur sa petite taille, fit un quart de tour, leva plus encore la tête et s'approcha de la fenêtre côté jardin. Il n'alluma pas dans son bureau et resta dans le noir.

Ses yeux sombres et ronds largement écartés se plissaient avec lassitude. Il considéra la nuit, cette nuit qui commençait là derrière la fenêtre. Elle était devenue opaque et noire comme une bouche d'abîme. Cette nuit terrible prenait une grandeur sauvage. Il contempla longuement les formes noires des arbres au-delà desquels s'endormait, dans l'obscurité et le calme, la ville dont il fut autrefois le Maire.

Avant, il avait été prêtre au Séminaire. Le dimanche il disait la messe dans les paroisses, allait en visite chez les familles. C'était un jeune homme jovial et sociable. Plus tard, il fut affecté à l'Archevêché de la capitale. Il aurait pu rester au service de la fonction sacerdotale et aurait certainement fini par devenir archevêque. Mais il fut attiré par la politique lorsque la lueur de l'indépendance se profila à l'horizon.

A la sortie de l'Archevêché, il devint le maire de Brazzaville et, à l'indépendance, président de la République. Cette fonction changea et son caractère et son aspect extérieur. Il y avait maintenant quelque chose de foncièrement civil dans sa forme pleine et vaste, dans sa figure débonnaire, dans sa manière de changer et de porter les soutanes, dans le langage qu'il tenait. Rien qu'à le voir, on aurait dit que c'était un homme que le hasard seul avait conduit au Séminaire. Il ressemblait à un bon bourgeois travesti en curé plus qu'à un vrai homme de Dieu.

Il se rappela cette ville telle qu'elle était le jour de l'indépendance, le jour où il était devenu le Premier président du pays : les gens étaient joyeux, c'était comme une apothéose de la joie et du soleil dans la fête populaire. Le peuple exultait et le portait en triomphateur. Ce jour-là, un reflet de soleil teintait le ciel au-dessus de la ville brillamment éclairée.

Que restait-il de tout cela maintenant ? Où sont ceux qui l'avaient acclamé partout ? Qu'est-ce qu'il allait devenir, mon Dieu !

Jamais plus il ne pourrait retourner à l'Archevêché, se remettre à prêcher l'évangile comme il le fit dans le passé. On se moquerait de lui, et lui n'aimait pas cette situation. Il voulait bien être un prêcheur, mais il n'aimait pas se couvrir de ridicule. D'ailleurs, depuis qu'il avait touché aux femmes et à l'alcool, il n'avait plus besoin de Dieu. Il avait bu jusqu'à la lie de la sottise contrôlée, de la jouissance, de l'assurance et de la joie. Pourquoi ? Encore, tant qu'il était encore président de la République, la fonction du président lui donnait tous les droits... Et que devient-on quand brusquement on perd cette fonction ? Qu'allait-il devenir ? Il ne pouvait plus éviter le drame imminent. Il était trop tard pour échapper à son destin.

Il s'approcha encore plus près de la fenêtre. Au-delà de la lumière qui éclairait le Palais, tout était sombre. Il eut l'impression qu'une mer immense, calme et obscure, s'étendait à ses pieds. L'air était imprégné de la fraîcheur de saison sèche. Un profond silence enveloppait la terre. Très haut, là où, d'une teinte plus pâle, le ciel semblait se creuser, une étoile bleu pâle scintillait lentement.

Habitués déjà à l'obscurité, ses yeux discernèrent d'autres scintillements, timides étoiles. Une impression de calme infini émanait du ciel, de la terre et de la ville. Mais lui, était loin d'être calme. Il se pencha par la fenêtre qu'il ouvrit. Un air frais et embaumé baigna son visage, rafraîchissant ses joues en feu.

Il frissonna.

Il referma la fenêtre et revint s'asseoir devant son bureau et il pensa qu'au loin, là-bas dans les ténèbres, le sort du pays et le sien se décidaient. Il éprouva en ces minutes de l'inquiétude, pas le désespoir. De l'angoisse, pas la détresse. L'avenir était invisible. Pourtant tout se décidait. Sous la mince étoffe qui le voilait, le destin du pays était déjà sculpté. La situation restait complexe et, sous bien des aspects, paradoxale.

Il ne se décidait pas à gagner son lit dont il savait bien que le sommeil serait longtemps absent.

Enfin, il se leva et alla se mettre en pyjama. Il passa devant la glace, s'y vit. Le spectacle n'était pas beau : son visage se défaisait sous ses yeux. Il se reconnut à peine. Il se détourna en haussant les épaules. Il se passa la main sur le visage. Puis jeta un coup d'œil somnolent sur le lit. Il eut le mouvement, tant il se sentait fatigué, de se laisser tomber sur le lit. Il s'en approcha et quand même s'y allongea. Il se sentait littéralement épuisé. Il sentit son corps s'évanouir, s'éloigner, disparaître.

Sitôt endormi, il rêva :

Il était assis au bord du fleuve Congo. Un monde étrange et effrayant l'environnait.

Il examinait l'eau. Il levait les bras. Il préludait. Soudain, il entendit quelques notes d'un chant. Le thème se cherchait.

Il regarda de côté le Zaïre.

Le thème hésitant se déplaça, s'enfla d'un trait comme le vent, cessa net, revint à sa tonalité mineure.

Puis il vit sortir de l'ombre une foule de gens avancer

au milieu d'un silence écrasant. Les silhouettes noires croissaient, grandissaient et l'on distinguait déjà des hommes, aux bouches béantes et muettes, marcher d'un pas rapide et trébuchant dans sa direction. Il se mit à plat ventre et sortit un fusil de sa soutane. Il tira à brefs intervalles. Les gens tombèrent à la renverse sous ses coups de feu. Les survivants tournèrent le dos et coururent. La terreur faisait grimacer leurs visages. Il entendait les battements furieux de son cœur. Il cria :

— Où allez-vous ? Revenez ici !

Il cria de toutes ses forces, mais sa voix était étonnamment faible, à peine l'entendait-on. La terreur s'empara de lui. D'un bond il se leva. Il vit à ce moment un homme courir droit vers lui. Il tira la dernière balle, mais il manqua son coup. L'homme avait un visage hardi, excité et grave. Il courait d'un pas léger sans presque toucher le sol de ses pieds. Une peur inexprimable, inconcevable, l'envahit. Il appuya de nouveau sur la gâchette, mais le fusil n'obéit plus. Désespéré, il jeta l'arme. L'homme n'était plus qu'à quelques pas. Il lui tourna le dos, retroussa sa soutane et prit la fuite. Devant lui, il vit la bigarrure des gens qui fuyaient. Il changea de direction. Derrière lui, il entendait le souffle oppressé de l'homme qui le poursuivait. Il entendait le bruit sonore de ses pieds, mais ne pouvait accélérer sa course. Il faisait un effort terrible pour obliger ses jambes qui pliaient passivement à courir plus vite que son poursuivant. Il atteignit enfin un cimetière à moitié abandonné, sauta par-dessus la clôture renversée, courut entre les tombes et les croix penchées. Encore un effort et il était sauvé.

Il déboucha dans une clairière et le voici maintenant dans la ville. Un coup d'œil jeté derrière lui montra que l'homme avait disparu. L'air vivifiant des palmiers le frappait au visage. Soudain le chant qu'il avait entendu au bord de l'eau reprit. Il s'arrêta pour écouter la chanson, une chanson de LUAMBO MAKIADI (dit Franco) et de son orchestre O.K. Jazz, qui revenait sur toutes les lèvres des gens quelquefois :

« Yo moto ya simissi mulayi,
« Yango bwato wana ya yo ! »

Mais il lui sembla que ce n'était pas ainsi que parlait la foule. Il marcha très vite, en s'efforçant à raser les clôtures. Bien qu'il prît des précautions comme s'il obéissait à une vieille habitude de marcher très légèrement, ses pas, amplifiés par l'écho, résonnaient comme autant de coups de marteau. Aucune présence humaine ne se manifestait aux alentours. L'immobilité et le silence qui régnaient autour de lui devenaient des complices inséparables de son destin.

Il marcha toute la nuit. Il allait de quartier en quartier, escorté par les étoiles, sans but et sans espoir. Les rues ressemblaient à des failles entre de hauts rochers. Nulle part on ne voyait de lumière et, noirs, les toits des maisons se détachaient sur un fond sombre comme des formes d'oiseaux terrifiants et gigantesques.

Il jeta un regard inquiet autour de lui.

Où était-il ?

La ville nocturne avait un aspect étrange : tout y était troublant, mystérieux, nouveau. Et pourtant, il lui semblait bien reconnaître des lieux familiers, mais un sortilège inexplicable en modifiait insensiblement l'aspect. Il se mit à appeler les gens à son secours, mais il n'y eut même pas d'écho. Personne ne vint et il lui semblait que tout le monde rigolait ; que c'était une plaisanterie immense commencée, il y a trois ans, et qui aboutissait là précisément pour faire rire le monde. Il recula, les yeux fixés sur les portes closes.

Il attendit un instant qu'une tête se montre qu'il pourrait interpeller, mais n'aperçut en face de lui que la rue déserte. Il n'y avait personne nulle part, il n'y avait pas de voiture dans les rues, pas de trace de roues ou de pas, sur le sable, pas d'animaux. Personne, autour des maisons. Aucun être vivant dans la nuit.

Il s'agenouilla en face d'un monument qui ressemblait à une statue, comme devant sa propre tombe ; si immobile, il était la pierre de sa propre tombe.

Maintenant au loin, très loin dans la nuit, se dessinaient les voûtes de montagnes. A vrai dire, il ne voyait que des formes imprécises, irréelles, lointaines, ressemblant vaguement à une chaîne montagneuse, enveloppée de brouillard.

Et, derrière cette image, si ce n'était une modulation de la brise, si ce n'était l'hallucination significative, ces quelques notes musicales... perdues.

Il était debout, porté par son tremblement...

Le chant, s'affirma, il n'y avait plus de doute, c'était encore cette chanson : « On a tout détruit... » C'était la stupeur du présent qui n'était plus même un songe. Ses bras vers les astres mais d'un seul jet lancés, et ses paumes supportaient le monde. Il se remit en marche peinant sous le poids du globe, mais il fléchit de tout son corps et ses pas n'étaient plus assurés.

Soudain, derrière son dos, le bruit de pas qui grandissait, résonnait plus fort. Le souffle ardent du poursuivant brûla son cou et, au même instant, il sentit qu'on le saisissait par la taille et par les pans de sa soutane. Il poussa un cri assourdi et se réveilla en sursaut.

Le jour était encore loin. Il alluma.

Il se vit couché sur le dos. La sueur se mit à suinter de son front. Il aspira longuement par les narines.

« Au nom de Dieu ! »... brâilla-t-il et sans trop croire encore que tout ce qu'il venait d'éprouver n'était qu'un songe.

Ses yeux errèrent çà et là, très vite, autour de lui, tout à coup inexpressifs. Il se mit sur le côté et se couvrit la tête. Les yeux fermés, encore plongés dans l'atmosphère du rêve qui restait très net dans son esprit, il passa plusieurs minutes à réfléchir. Puis rouvrit les yeux.

Partout le silence. Il remua un peu la tête, toucha son corps, qu'il sentit nu, sans que cela parût éveiller sa mémoire. Ce qui l'aida soudain, et paradoxalement, ce fut une forme blanche flottant dans l'ombre au-dessus de lui. Il reconnut les rideaux blancs, accrochés aux grandes fenêtres de sa chambre.

Il accusa le coup, longtemps encore immobile, puis s'assit lentement sur le bord du lit, la tête dans les mains, oscillant un peu, et bientôt, élevant à nouveau les yeux sur le blanc limpide des rideaux, il murmura :

— Pourquoi ce rêve ?

Sa nuque tressaillit, rappuyant sa tête dans ses paumes, donnant réponse à l'interrogation :

— Bon.

Il était faible, sa respiration l'emplissait, de plus en plus vaste.

Le jour était levé.

Au dehors, des pas s'approchaient de la porte. Il reconnut la voix de l'intendant.

— Monsieur le président...

Il resta silencieux, immobile, non sans mal, car le cœur lui battait, mais comme de trop de force à présent... On insista.

— Monsieur le président, le petit déjeuner est servi.

— Merci, fit-il avec un grand soupir.

Sept heures allaient sonner, ce jeudi 15 août. La faible lumière du soleil à travers les nuages inondait la ville dans l'air froid du demi-jour. Déjà, les membres du Groupe chargés de la propagande sillonnaient les rues de Poto-Poto, Moungali, Ouénzé, Bacongo, Makélékélé et Moukoundzingouaka, diffusant la consigne :

« Tous au Palais ».

Aussitôt, la gaieté se répandit dans la capitale. Les rumeurs des voix se faisaient plus sonores dans les quartiers que d'ordinaire. Les portes claquaient, les pas couraient en tous sens. Une dispute s'éleva dans une parcelle. On ne pouvait pas distinguer les paroles, mais on entendait nettement les éclats de voix.

Les gens s'en allaient de chez eux par les rues, s'enfonçant dans la poussière.

Une masse de femmes, d'hommes et d'enfants toujours plus dense, submergea la place de la gare, et de là, par tous les passages jusqu'à l'avenue de Paris (7), côtoyant la voie ferrée, empruntant les rues du quartier européen, la foule arrivait encore. Les magasins semblaient morts avec leurs volets fermés comme des paupières.

Les chuchotements se transformaient lentement en un grondement menaçant. Du milieu de la place, les délégués discutaient sur la manière d'organiser la marche qu'ils voulaient joyeuse. Mais à mesure que les minutes passaient, ils devenaient de plus en plus nerveux. L'angoisse de cette journée, qu'ils savaient décisive, submergeait leur entrain.

Comme le temps passait, dans la foule, quelqu'un cria :

— Qu'est-ce qu'on attend ?

Un silence se fit comme un apaisement d'orage.

Une voix irritée ajouta :

---

7. Débaptisée plus tard, avenue de la Paix.

— Donnez l'ordre de partir, nom de Dieu ! En avant pour...

Le reste se perdit dans l'éclat de la colère.

Les gens commençaient à s'énerver. Les visages se crispaient, les veines du cou se gonflaient, sous l'effort. Puis tout se décida en un rien de temps. Décider, c'était même trop dire ; tout le monde serait bien parti sans décision ; personne ne tenait plus en place.

Les délégués se sentirent visiblement débordés. Il a juste fallu fixer un moment pour partir tous ensemble ; organiser, pour que tous ne s'en aillent pas à la débandade, chacun de son côté.

Alors, on aperçut le dessin très net de l'organisateur aux gestes de semeur monter à la tribune. Tout de suite, la simplicité essentielle des faits se traça aux yeux de tout le monde. Sa voix s'éleva, enveloppa la foule :

— Camarades ! hier nous disions que ce matin nous irions au Palais pour demander au président de démissionner. Eh bien, l'heure est arrivée, camarades.

— Oui ! Oui !

On eût dit qu'un ouragan s'abattait sur la foule. Elle se mit à osciller et des dizaines de voix crièrent ensemble :

— Au Palais ! Au Palais !

L'ordre de mouvement fut enfin donné.

La délégation prit la tête du cortège et les manifestants se mirent en marche. C'est alors que résonnèrent les cris de :

« Vive le Congo libre !... Vive le Congo libre !... »

La passion des jeunes s'allumait, créant un milieu effervescent de camarades et d'amis. Dans la foule toute-puissante qui portait avec elle la force motrice des événements, ils se sentirent supérieurs à tout ce qu'ils avaient été dans leurs plus beaux jours. Ils y jouirent d'une puissance qui se dégageait du fond d'eux-mêmes, et dont jusque-là ils ne s'étaient jamais douté.

S'ils demeuraient éblouis, ils n'étaient nullement surpris, puisqu'ils étaient les liens secrets qui les unissaient.

Ce qui frappait, c'était la diversité des âges.

Oui, la foule avait tous les âges.

Leurs origines ?

Ils étaient de toutes origines. Ils venaient de partout.

Leurs métiers ?

Un peu de tout : la production, le commerce, l'enseignement, l'alimentation, les soins, tout ce qui fait vivre et survivre. Il y avait un grand mélange. On en comptait aussi d'autres, les bricoleurs des quartiers et les chômeurs.

Toutes les couches de la population étaient présentes ce jour-là.

Oui, c'est vrai, ils différaient profondément. Mais pourtant, ils étaient unis. Malgré leur diversité d'âge, d'origine, de sexe et de situation.

A travers la même silhouette grossière où se confondaient, dans l'uniformité, les costumes, les shorts déteints et les chemises déchirées, ils cachaient et ils montraient les mêmes mœurs, les mêmes habitudes, le même caractère simplifié, la même volonté d'hommes décidés à aller jusqu'au bout. Chacun était venu le cœur battant, et savait d'avance ce qu'il engageait.

Ils manifestaient enfin, en toute liberté, leur cohésion et leur force.

Attachés ensemble par un destin irrémédiable, emportés malgré eux sur le même rang, dans une immense aventure, ils étaient bien forcés, avec ces trois jours de grève en commun, d'aller se rassemblant. Des rapports s'établissaient entre les gens. Ceux qui ne se parlaient jamais se communiquaient des informations sur la situation. D'autres sympathisaient avec ceux qu'ils ne saluaient pas d'habitude.

*
* *

L'annonce de la marche sur le Palais avait causé une grosse émotion chez les partisans du président. Ils s'organisèrent bientôt au Rond-Point de Moungali pour une contre-manifestation. Les rumeurs s'amplifiaient, se répandant dans tous les quartiers à la vitesse de l'électricité. Tous semblaient furieux, nerveux. Ils savaient que le président n'avait pas de chance de s'en sortir face à cette pression de la majorité, mais étaient inquiets quand ils songeaient à l'avenir du pays.

Cette inquiétude tenait un peu de la peur du communisme. Elle n'apparaissait pas seulement chez les partisans, elle semblait se refléter aussi sur l'ensemble de la classe de ceux qui refusaient le changement et soutenaient le régime.

Face aux sympathisants du président, la force des syndicalistes était dans le calme, la détermination. Leur pouvoir, c'était la grande voix du peuple se faisant entendre au-dessus de tous les cliquetis d'armes de toute sorte et les calomnies. S'ils s'étaient dépensés à calmer les esprits de tout le monde, c'était pour persévérer dans le but poursuivi par les délégués, d'éviter toute occasion d'affrontement entre Congolais, d'observer une discipline rigoureuse d'ordre, recommandée par la marche, de déjouer partout les provocations.

Alors tous ces hommes affichant un visage mécontent semblèrent tout à coup incapables de se défendre contre l'influence de la puissance et de la discipline syndicales.

Conscients de leur nombre, les sympathisants du président qui, pendant un moment, étaient étranglés par la colère, baissèrent les bras, rentrèrent chez eux déprimés. Petit à petit, la contre-manifestation perdit ses membres. Le Comité d'organisation perdit son noyau. Immédiatement, toute agitation cessa.

La contre-manifestation était déjà perdue.

Cependant, le temps était de plus en plus frais. Un bleu pâle éclairait la ville. Les arbres et les toits des maisons avaient un caractère poussiéreux.

Les nouvelles de la marche des manifestants vers le Palais qui lui parvenaient étaient, pour le président, d'une gravité croissante. Toute la vie parut s'être écroulée. Son cœur battait follement. Le bonheur détruit, l'avenir compromis.

Quand il sortit de son abattement, il essaya de réfléchir. Il ne pouvait pas rester ainsi ! Et puis, il y avait certainement quelque chose à entreprendre ?

Il ne pouvait écarter radicalement la possibilité d'une modification de la situation. Il se refusa à commettre un suicide en démissionnant. Au contraire, il fallait tenir ! Tenir aussi longtemps que possible. Il valait la peine de résister à la pression populaire. Il n'y avait donc qu'une seule solution : continuer à espérer !

Tout au fond de lui-même, il croyait encore que quelque chose allait se produire. Oui, il se pourrait bien qu'au cours des heures qu'il passait ainsi, seul dans son bureau, épiant le profond silence, les yeux fixés désespérément sur des objets clos et immobiles, il trouverait un sauveur. Tout n'était pas perdu. Il fallait téléphoner à Paris. Il parlerait au général de Gaulle. C'était son protecteur tout de même ! Ce dernier ne l'appréciait peut-être plus à cause de ses extravagances, mais ce ne serait pas la même chose. De Gaulle pouvait le sortir de cette situation. Pourquoi ne pas le solliciter !

Il décida d'appeler Paris. Plusieurs fois, il téléphona à l'Élysée. Mais le numéro qu'il formait sonnait aussi longtemps qu'il l'en sollicitait.

Un trouble l'envahit dont il ne pouvait expliquer la nature. On aurait dit qu'une communication allait lui être faite d'un instant à l'autre. Il était toujours là, près du téléphone dans l'attente de quelque chose qui pouvait se produire, d'une décision par exemple.

Mais laquelle ?

Il ne savait. Il fixa l'appareil pendant un moment mais rien ne vint. Le téléphone restait muet.

L'attente continua.

Sans fin, l'angoisse dessina un autre visage. Il était au bord du désespoir, avec une parfaite conscience de sa défaite.

Alors que sa pensée devenait confuse et suivait mal, il sursauta.

Il tendit l'oreille, croyant discerner les échos d'un lent, sournois et invisible appel. Non... Non, aucun appel n'avait résonné, ni de l'intérieur du Palais, ni du dehors. Pourtant, il avait entendu un appel. Il n'était pas sonore, il ne lui avait pas frappé l'oreille... Mais c'était ridicule. Il se vit dans une situation non moins bizarre, sans lien avec la précédente. Il soupira fortement et s'inquiéta.

La route qui montait au cœur de la capitale était étrangement bouchée de silhouettes. De plus en plus distinctement, comme si elles s'étaient rapprochées du sol, les voix s'élevaient dans les airs, se rabattaient sur la ville qu'elles enveloppaient.

Sous les rayons pâles de l'astre, dans l'épaisseur de cette matinée, il semblait que, par enchantement, les ombres y débordaient et y roulaient. Une force intarissable, protéiforme les poussait quand elles traversèrent le quartier européen.

Là, le cortège prit tout de suite une belle longueur dans la grande avenue bordée de manguiers. Il avançait resserré, compact, dur, avec des remous au passage de chaque arbre.

Les manifestants avaient juste dans le dos un courant d'air un peu rude qui montait du fleuve Congo. On aurait dit qu'il les faisait marcher plus vite, qu'il les poussait. Quelqu'un donna le ton, et les autres se mirent à scander en marchant un peu mieux en ordre :

« Président, démission ! »

« Congo oyé ! »

« Oyé. »

Comme un grand creuset, la foule marchait avec des idées et des rumeurs qui se propageaient, se déformaient, s'amplifiaient. Avec elle, les enfants parcouraient les rues de la ville en direction du Palais qui, serein et indifférent, les attendait avec ses larges fenêtres.

Les yeux brûlaient, on voyait seulement les formes humaines se mouvoir dans un épais nuage de poussière, chantant maintenant : « On a tout détruit... », dont les strophes se perdaient en un rugissement confus, accompagné par le claquement des pieds sur le sol.

Le chant était si fort que, pour se parler, il fallait presque crier et se toucher. Ne pas économiser les gestes.

— Ah ! mes amis, dit Henri d'un air ravi, silencieux

depuis la gare, à Paul, Jean-Claude et Simon qui marchaient à ses côtés. L'affaire marchera, elle marchera sans erreur.

Les autres n'avaient aucune idée précise du résultat de cette prodigieuse aventure. Lui non plus. Mais ils savaient tous le sens dans lequel elle se déroulait, et c'était cela, précisément oui, cela, que les autres, ceux qui ne voulaient pas le changement et qui se cachaient, accrochés à leurs privilèges, ignoraient. Ce désir de changement était un des moteurs du mouvement auquel ces femmes et ces hommes participaient. Leur devoir était d'y contribuer. Leur gloire était là, à ce prix, dans l'opiniâtreté à endurer leur décision, et la volonté de l'assumer tout entière.

Lorsque la chanson arriva au refrain, Simon profita de la fente de silence pour vite glisser :

— Qu'est-ce que nous allons faire si l'armée nous barre la route ?

Paul se pencha mais il n'avait évidemment rien entendu.

— Tout dépend !... On va bien voir là-bas ! répondit Jean-Claude.

En levant la tête, Henri aperçut un vieux, un peu voûté. Il s'en approcha et marcha un moment à ses côtés.

— Grand-père, fit-il. Vous n'allez pas au Palais tout de même ! A votre âge, c'est trop risqué.

Le vieux lui lança un regard rapide. Sa bouche à moitié édentée avait la forme naturelle du sourire. Puis, prenant le bras d'Henri, il le regarda à nouveau. Le visage souriant du vieil homme était si puéril qu'Henri en fut surpris. Ses yeux clairs et pâles avaient une expression enfantine, et son sourire, un peu gêné, était celui d'un enfant. Les traits de sa physionomie portaient leur contrepoint. Il était d'un naturel aimable. Henri sourit à son tour.

— Jeune homme, dit-il enfin, je sais bien que ce genre d'exercice n'est plus de mon âge. Mais laisse-moi te dire une chose. Ce qui est en jeu, aujourd'hui, concerne tout le monde. Nous tous ici, avons le même besoin de justice. Mes os ne sont pas encore rouillés. Tant que mes jambes me porteront, personne ne pourra m'empêcher d'y aller. L'essentiel est de marcher vers le but. On a besoin de tout le monde pour exercer une pression sur le président pour qu'il démissionne. Ma place n'est plus à la maison aujourd'hui. Elle est dans la rue avec vous. Et s'il m'arrive quelque chose au cours de cette marche, je ne le regretterai pas. Au contraire.

— Vous avez du courage, grand-père.

— Il le faut, surtout ce jour qui, j'en suis sûr, marquera une étape décisive dans l'histoire de notre pays. Et je ne veux pas manquer ça. Je ne veux pas non plus être un simple spectateur dans cette affaire, mais aussi un acteur. Je veux y participer autant que vous.

— Pourrez-vous arriver au bout ? En aurez-vous la force ?

— Cette jeunesse autour de moi est ma force, répondit posément le vieux.

La volonté s'était muée en entêtement chez ce vieillard qui, en marchant, regardait maintenant droit devant lui, avec une sorte d'espoir et de sérénité. Il imposait plus qu'il ne l'avait jamais espéré la considération : il avait besoin de la certitude que ses semblables étaient contents de lui, de sa participation au mouvement.

— Vous alors !

Cette exclamation d'Henri se noya dans l'hymne. La chanson, chantée par ces milliers de voix, soulevait dans le cœur du vieux des vertus personnelles, remontait dans les âges pour puiser aux racines de l'émerveillement.

*
* *

Oh ! Ce froid qui soufflait !

On s'y habituait. Plus on marchait, plus ça se réchauffait dans le creux de la foule qui coulait comme une lave sombre, multicolore, entraînée par le chant dont les accents puissants semblaient tout renverser et déblayer devant elle.

Jamais encore mouvement ouvrier n'avait pris au Congo de telles proportions.

Tout à coup, cette masse humaine, ce peuple marchant, s'immobilisa. La tête du cortège sembla heurter un obstacle.

Le long corps hésita, le chant aussi frémit, la vague

des sons s'abaissa, glissa en arrière. Les voix se turent l'une après l'autre. Il s'établit un silence impressionnant.

Un incident en tête de colonne ?

Ceux de derrière n'y comprenaient rien, d'où ils étaient. Mais il semblait que quelque chose s'était mis en travers de la route. Ils se dressaient sur la pointe des pieds, tendaient le cou, levaient la tête et regardaient au loin, de tous côtés. Quelques-uns déjà écartaient la foule, se frayaient rapidement un passage pour se glisser au premier rang.

— Pourquoi n'avance-t-on pas ?

Les chuchotements allaient d'un rang à l'autre. Puis, tout à coup, aux bruits se mêla une voix forte qui domina tout :

— Camarades ! les militaires...

La voix s'arrêta brusquement.

Que se passait-il devant ?

Chacun s'interrogeait.

— L'armée nous barre la route, reprit la voix.

Partie des premiers rangs, la nouvelle se propagea à l'arrière.

Au bout de la rue, se détachait un mur gris d'hommes en uniforme. Sur l'épaule de chacun d'eux, le bout du fusil jetait un éclat froid.

De ce mur silencieux, immobile, semblait souffler sur les gens un vent glacé qui s'en venait pénétrer jusqu'au cœur de la foule.

Peut-être n'y avait-il dans ce frémissement de la foule que quelque chose de vieux, d'oublié. En tout cas, il était là, le peuple de la capitale. Il était là vivant, terriblement vivant et actuel, alors qu'on s'était habitué à ne pas le voir, à compter sur lui comme sur une présence seulement potentielle, ordonnée, abstraite.

Sous le choc des nouvelles, les écluses qui dirigeaient ce peuple vers ses occupations banales et pacifiques semblaient avoir été brisées. L'officier qui commandait le régiment s'étonnait de voir cette masse de gens déferler dans les rues. Elle était pacifique, certes, mais résolue à tout. Elle avait plus que la volonté de vaincre, elle en avait la décision.

Combien de femmes et d'hommes abritait cette ville !

Et du nombre même, de la consistance compacte de la foule, se dégageait une menace. Sans visage. C'était une force souterraine qui l'agitait en dehors et dont la source se situait au-delà du trouble produit par les événements.

— Serrez les rangs, camarades, criaient les syndicalistes.

Et la foule fit la chaîne, de rang en rang, comme un coup de tampon le long d'une rame de wagons, et parvint au bout amorti, déjà transformé en bourrades et bousculades.

La grande surprise était que les militaires laissaient tout cela se faire, sans avoir déjà attaqué. Pourtant, ils en entendaient ! Et ils en voyaient devant eux, des cris et des gestes hostiles qui criaient plus que des cris. Et surtout :

« Assassins ! »

« Assassins ! »

Cela dura quelques minutes. Puis :

— Camarades ! Camarades !... Les militaires sont des gens comme nous. Ils ne nous feront rien. Avançons.

La voix du syndicaliste était ferme, ses mots sonnaient dans l'air, nets et clairs.

Instinctivement, la foule leva les mains et lentement s'avança. D'abord en silence, puis en chantant dans une euphorie générale. Des exclamations jaillirent pour redonner au cœur la même plénitude. Du creux de la foule fusa l'hymne. Le chant gagna de proche en proche toute l'étendue de l'immense cortège. Il se leva majestueux et fier vers les cimes des arbres.

« On a tout détruit,

« Nous bâtirons de nouveau,

« Il suffit de la liberté,

« Congo ooo... »

La position des militaires devenait critique.

Comment empêcher cette énorme masse de rompre le barrage ?

Les gens avançaient, avançaient toujours, graves, les bras levés dans un geste d'exhortation, vers les fusils. Et le geste magique manifesta sa force : un pas, encore un pas, tandis que devant, le régiment retenait, angoissé, son souffle. L'espace diminuait. La sueur froide coulait sur les fronts noirs et blancs des soldats. Leur main droite reposait solidement sur la crosse de leur fusil et leurs yeux, inquiets et vigilants, scrutaient la foule. Ils étaient dans une situation inconnue. Ils écoutaient et ils regardaient sans broncher.

Le régiment se trouvait maintenant face à la marée montante de la foule qui n'avait pas d'armes, voilà, elle n'avait pas d'armes.

Les minutes de fièvre et de tension s'écoulaient. La seconde du déclenchement de l'affrontement approchait inexorablement. Les cœurs battaient à un rythme accéléré. Des questions se présentaient, et le capitaine en première ligne observait la foule, pourrait-on dire, d'un œil hagard.

Comme la foule avançait de plus en plus près, les mouvements du capitaine commençaient à devenir désordonnés. Le souffle court, les yeux troubles, il n'en pouvait plus.

Il changea de place.

Il alla parler avec le commandant, demeuré à l'arrière, des détails qui avaient une importance vitale pour l'issue de la manifestation, puis revint, réfléchit un instant. Prenant en toute lucidité une décision qu'il communiqua à son adjoint, il tira le pistolet de son étui.

Il entendit sa propre voix, comme une voix étrangère, donner l'ordre à ses troupes de tenir leurs fusils en joue.

Ils obéirent.

Une double rangée de fusils visa les poitrines. Mais ils se rendirent bientôt compte que les gens n'avaient pas peur de la mort.

Que s'est-il passé, que se passait-il dans la conscience de la foule ? Etait-ce inconscience, ou provocation ?

La peur était noyée dans la joie, encore informe, de se sentir les coudes, de se découvrir une réaction commune devant le danger.

La foule était comme un adolescent devant sa virilité, elle s'émerveillait en écoutant sa propre pulsation. Elle prenait la mesure de sa force, de cette force qui s'opposait depuis plus de quarante-huit heures aux malheurs communs et pulvérisait l'ordre, paralysait la circulation, débordait le petit train de la vie ordinaire.

Tenant toujours les mains en l'air, la foule avançait, avançait. Ceux de derrière poussaient ceux de devant.

S'ils avaient voulu, les militaires les auraient bousculés, dispersés avant. Mais comme ils ne l'avaient pas fait, maintenant il leur était impossible ainsi de prendre les manifestants en face, de les arrêter.

Lorsque de plus en plus la pression de la foule se fit sentir, on crut un moment que la collision était fatale.

Brusquement, l'hésitation et la peur saisirent la foule ; au milieu, les haines exacerbées et confrontées des agitateurs et des soldats. On voyait bien se préparer à la défense la forte troupe ; mais toujours pas d'attaque. On en serait presque désorienté.

Soudain, une à une les armes se baissaient à son passage.

Ce fut alors une course folle, en avant, de ces milliers d'hommes, de femmes et d'enfants, dont beaucoup ne savaient pas au juste pourquoi on courait. Est-ce qu'on se précipitait vers le Palais ? Est-ce qu'on fuyait ? Qu'y avait-il devant ? Derrière ? On se questionnait en courant. On se préparait à la fois à attaquer et à se protéger, à esquiver quelque assaut. On s'attendait à toutes les surprises. On se poussait en courant sur la pointe des pieds pour essayer de voir par-dessus les têtes ce qui se passait. On tournait la tête en arrière, et même on courait sur le côté ou à reculons, pour chercher ce qui pouvait arriver par là... Alors, çà et là, quelqu'un trébuchait, se rattrapait comme il pouvait, à une manche, à une poche, ou bien c'était une chute affolée, un tas roulant et jurant, où il y avait pourtant aussi des rires, mais qui se remettait aussitôt debout sur toutes ses jambes et n'en courait que plus vite... Tout cela faisait la même force formidable lancée en avant dans le délire de la victoire, vers le Palais présidentiel.

C'était un ouragan d'une incroyable force qui arriva devant les grilles du Palais.

La foule s'arrêta à la hauteur du portail. Déjà elle avait compris. Il ne lui était pas permis de pénétrer à l'intérieur. Cependant, elle restait sur place. Elle ne regardait pas le cordon de gendarmes qui avait pris position devant. Elle regardait le bâtiment qui luisait dans toute sa blancheur.

En même temps, les gens avaient mieux fait la différence entre eux et les gendarmes. D'ailleurs, le chant avait aussitôt repris, lancé maintenant vers ces derniers.

Quelle vie cette manifestation !

Elle continuait à crier, à fredonner : « On a tout détruit... », prit position sur toute la place, courut tout le long du front des gendarmes, à un mètre d'eux, sous leur nez.

— Gendarmes assassins !

— Gendarmes assassins !

Le gendarme du bout de la file, qui gardait la grille au virage, l'œil craintif, dit quelque chose à son voisin, qui passa le mot. Cela fit la chaîne en remontant vers le portail, vers où était amassée la foule, où se trouvaient les gradés et le gros des forces. Un officier se détacha de la troupe, longea la file des gendarmes et disparut au virage.

La foule devenait impatiente. Elle ne pouvait pas rester plus longtemps. Elle éprouvait maintenant le besoin de décider quelque chose. C'était vraiment la dernière minute. Elle ondula, menaça d'enfoncer le portail.

Les cris retentissaient sous les appels au calme des délégués.

« Démission ! Démission ! »

A la suite de cette incapacité de contenir la foule, le commandant retira ses troupes, laissant le terrain aux manifestants. Seule la Garde présidentielle était restée, pour protéger le Palais.

Les syndicalistes étaient très agités, soucieux.

— Pas question de les forcer, d'entrer, bien sûr, dit l'un d'eux, avec tout de même un mouvement du menton et de la main vers le Palais, pour préciser que c'était une question de forces et qu'eux pouvaient tirer dans le tas.

— Bien sûr ! fit son collègue.

Les manifestants avancèrent plus près du portail. Certains commençaient à s'accrocher tout le long des grilles. C'était vrai, ils ne pouvaient entrer. Tant de gendarmes si serrés autour du bâtiment, c'était un mur de fer, de l'autre côté, derrière les grilles. Un à chaque mètre, l'arme au pied, pour le cas où les manifestants tenteraient d'entrer par là-dessus, en grimpant.

Et il n'y avait que quelques naïfs, pour demander ce qui allait se passer.

*
* *

La foule grondait, le tumulte augmentait. Les voix arrivèrent jusqu'à l'intérieur du Palais. Malgré la distance, une rumeur venait de trouer l'air.

Dans son bureau où il était resté, le président, au cœur du sinistre, tapotait nerveusement de ses doigts sur la table.

Maintenant, sa pensée allait grand train. Des voix résonnaient dans son cerveau, tout d'abord confuses et embrouillées, puis montèrent en un rythme unique, inintelligible au début. Bientôt il discerna les paroles :

« Démission ! Démission ! »

Il retint sa respiration.

Il se passait quelque chose !

Son visage s'assombrit d'effroi, ses yeux errèrent de tous côtés. Il tendit l'oreille et se lécha la lèvre inférieure du bout de la langue. Des éternités sans nombre s'écoulèrent pendant qu'il restait là immobile. Sa solitude était si vaste qu'elle semblait se refermer sur lui. Il étouffait.

Il bondit sur ses pieds et entendit le bourdonnement de la foule. Les voix criaient sur un ton brutal et coléreux :

— Président, démission ! Président, démission !

Ses forces l'abandonnèrent. Il trébucha en avant. Il avança vers la fenêtre et parvint jusqu'aux volets baissés, écarta le rideau. L'étonnement se figea sur ses traits. Il regarda avec stupeur à travers les persiennes. Brusquement, il se rejeta en arrière.

Il n'avait pas prévu cette marée humaine !

Il se tint immobile derrière la fenêtre, dominant la cour. La foule était là, tout près de lui. Seule la longueur de la cour les séparait. Une sorte de honte le saisit.

Cette colère était si près de lui !

La rumeur qui s'était arrêtée un moment reprit, puis les voix chantèrent :

« On a tout détruit,
« Nous bâtirons de nouveau,
« Il suffit de la liberté,
« Congo ooo... »

Il ne résista pas à l'envie de regarder par la fenêtre, à travers les persiennes. C'était quelque chose, vu de là où il se trouvait ! Toute la place était pleine. Une foule serrée, compacte et solide, vivante, enthousiaste.

Devant ce peuple qui chantait là sous sa fenêtre, il n'avait pas besoin d'être bien haut sur ses jambes pour reconnaître ce que signifiaient ces mots chantés inlassablement par la foule :

« On a tout détruit... »

C'était un chant pour un temps d'épreuve, un chant pour un jour de gloire.

Devant le Palais, les syndicalistes attendaient d'être reçus par le président de la République. Tout le monde savait ce jour décisif.

Au même moment, une voiture s'arrêta brusquement, dans un nuage de poussière et se mit à klaxonner devant le domicile de Thomas.

Il était 10 heures.

Ce bruit pourtant familier le surprit. Il n'attendit pas que l'officier conducteur du véhicule en descendît.

— Lieutenant ! s'écria-t-il, car c'était bien lui qui débarquait ainsi.

Son cœur se mit à battre un peu plus vite. Il se demanda s'il venait lui préciser ce qu'il attendait de lui. Il songea à ce qu'il devait lui répondre.

Il bondit au dehors et alla à sa rencontre.

— Lieutenant !

Le visage de l'officier s'éclaira d'un fin sourire modeste et séducteur.

Il lui serra la main.

— Je sens que tu as quelque chose à me dire.

— ... Hé oui...

A ce soupir il ajouta, l'air pénétré :

— J'ai une bonne nouvelle pour vous.

Thomas s'éclaira d'amusement.

— Viens donc dans ma maison prendre un verre. Nous y serons tranquilles pour parler.

Après avoir installé son visiteur, Thomas demanda :

— Un doigt de wisky ?

— Merci, accepta l'officier.

Lorsqu'il finit de servir, il resta silencieux un moment. Les idées se précipitaient dans sa tête.

— Alors ? dit-il enfin. Peux-tu me dire, maintenant, la position exacte de la France dans cette affaire...

— Je ne peux pas m'engager ainsi, plaida l'officier.

— C'est-à-dire ?

— Je ne sais pas, à la minute, la décision prise par l'Elysée. Il n'y a que le général de Division qui est au courant.

— Quelle est donc la bonne nouvelle que tu es venu m'annoncer ?

— Le général de Division cherche à recevoir un responsable congolais tout de suite à l'état-major. Tu m'en désignes un ou tu viens.

Thomas ne dit mot. Il lui était vraiment difficile de répondre à l'officier.

— Tu es bien silencieux ? s'étonna celui-ci.

— Oui, fit Thomas sans plus.

— Écoutez, les enfants... ou vous voulez du changement ou non !... à vous de jouer.

Thomas semblait absent, le regard dans le vide.

— Tu m'écoutes ?

— Attentivement, fit Thomas d'une voix basse.

Puis, regardant l'officier il dit :

— Écoute, mon vieux, les trois quarts des membres du Comité de direction sont absents de Brazzaville.

— Je te comprends. Mais l'occasion ne se représentera pas une deuxième fois... Alors ?

— Laisse-moi réfléchir.

— Ne réfléchis pas trop longtemps.

Thomas hésita.

— Il faut te décider, Thomas, le temps nous est compté. Nous ne disposons que d'un quart d'heure... Si vous prenez le pouvoir, il faut aller dire au général le nom du responsable qui s'engagera vis-à-vis de la France.

Thomas resta muet d'étonnement. Ce qu'il lui demandait était d'une telle importance qu'il eut peur. Il hésita à prendre seul la décision d'une ampleur nationale voire internationale. Mais comment faire ? Ils n'étaient que trois responsables sur place. L'idée qui lui vint alors fut terrible. Il était seul devant cette grande responsabilité dont les conséquences étaient imprévisibles. Le rêve touchait à sa fin et maintenant, il entrait dans la réalité historique. Il sentit le poids de la destinée peser sur ses épaules.

Ces pensées étaient tellement effroyables qu'il fut tenté

de s'enfermer dans sa chambre pour les analyser dans le calme. Il s'efforçait, contre sa volonté, de les exprimer au lieutenant. Il ne crut pas que ce dernier l'eût pleinement compris, mais il vit qu'il était dans un état de panique générale, et avec une intuition remarquable, il lui dit les mots qu'il fallait pour établir la paix dans son esprit.

Il en profita pour enchaîner promptement :

— Alors ! tu viens ?

— Tu sais bien que je ne suis pas seul en cause. C'est très important pour que je prenne seul cette responsabilité. Daniel est parmi les syndicalistes dans la foule, qui marche vers le Palais. Je ne peux donc le joindre. Il ne me reste qu'à joindre Germain qui, en principe, doit être chez lui.

Il se leva.

— Je vais téléphoner, tu permets ?

— Je t'en prie.

Il décrocha le téléphone et composa le numéro.

— J'écoute, fit Germain au bout du fil.

Après une hésitation, il reconnut la voix de Thomas.

— Ah ! c'est toi ?

— Oui... Germain... Je suis content de te trouver.

— Que se passe-t-il ?

— Il faut que tu viennes tout de suite chez moi.

— Mais... La consigne était que j'attende ici le retour des autres !

— Oui. Mais...

— Y a-t-il une raison particulière ?

— Oui, très urgente. Un problème délicat se pose à moi. Je ne peux le résoudre seul. Nous devons le faire tous les deux.

— Toi et moi ?

— Bien sûr, puisque Daniel est avec les manifestants, et que les autres ne sont pas là. Viens vite.

— Bon, j'arrive tout de suite.

Il raccrocha.

*
* *

Germain dont le visage exprimait l'inquiétude entra dans la maison de Thomas, quinze minutes plus tard. Une fois assis l'un en face de l'autre, Thomas parla. Pas longtemps. Il se retourna vers l'officier et dit :

— Il serait préférable que tu le lui dises toi-même. Tu expliques cela beaucoup mieux que je saurais le faire.

Tout en disant cela, il s'efforçait de paraître aussi calme que possible.

Le récit que Germain entendit fit perler quelques gouttes de sueur à son front. Comme il paraissait soudain désorienté, l'officier commenta :

— Il n'y a rien à craindre.

Germain le regarda. Ils se dévisagèrent, l'un calme et réfléchi, l'autre empli de tourment dévoré d'exigeant espoir, le visage tiré.

— Voilà ce qui nous arrive, lança Thomas.

— Si vous n'y voyez pas d'inconvénient, je prendrai bien un autre verre. J'en ai besoin.

Thomas le servit et lui demanda :

— Qu'est-ce que tu en penses ?

Germain avala le second verre d'un trait puis il regarda attentivement Thomas pendant quelques instants avant de répondre.

— Je n'ai pas grand-chose à te dire.

— Nous devons quand même prendre une décision tout de suite !

Germain était ennuyé. Il se gratta la tête et la baissa. Il réfléchit. Lorsqu'il la releva, il dit :

— J'aimerais mieux rester. Il est préférable que je reste ici. Vas-y, tu diras les choses telles que le Groupe les conçoit.

Thomas le regarda et soudain, il fut envahi par une irrépressible peur. C'est comme si on lui disait : « Tiens ! voilà un fusil, l'ennemi est en face, tu attaques ». Mais attaquer sans y être préparé, c'est terrible. Il sentit son front devenir moite. Sa peur était si grande qu'il sentit ses boyaux se tordre. Il eut besoin de quelques minutes pour parvenir à maîtriser cette panique. Il regarda le lieutenant et s'efforça, une fois de plus, de sourire. Il demeura quelque temps silencieux puis avala convulsivement de la salive et se mit à parler sourdement, en précipitant les mots :

— Oui, j'ai compris... Je crois que je ne peux me dérober. Il n'y a pas d'autre alternative.

— C'est aussi ce que je pense, répondit le lieutenant.

— Alors, je viens seul avec toi.

L'officier tendit la main, une main énergique. Thomas la serra, comme s'il s'agissait d'un marché conclu.

Puis Thomas se retourna vers Germain.

— Toi, tu resteras ici pour assurer la permanence au cas où les autres débarqueraient. Tu leur diras ce qui se passe.

Le Groupe avait fait de cette maison un lieu de liaison.

Germain lui donna une petite tape amicale sur l'épaule en silence. Thomas lui jeta un regard oblique, sourit, ajusta sa veste et se dirigea vers la sortie accompagné du lieutenant. Il sembla à Thomas que les lèvres de Germain avaient aussi remué dans un sourire d'encouragement et de reconnaissance à peine perceptible.

A 11 heures, la jeep quitta le domicile de Thomas avec ses deux passagers à bord. Durant le trajet personne ne souffla mot. Ils arrivèrent un quart d'heure plus tard à l'état-major.

Thomas marchait à petits pas derrière le lieutenant. Il s'arrêta sur le perron. Il se posait des questions à la dernière minute. Cette rencontre l'avait pourtant mis en espoir : pour la première fois, il serait reçu par le général de Division de l'armée française à Brazzaville. Il espérait y trouver un peu plus que des promesses.

L'officier se retourna pour demander :

— Qu'est-ce qui t'arrive ?

— Non rien... Ce n'est rien. Juste une simple réflexion.

Le lieutenant lui murmura :

— Rassure-toi... Tu verras, tout se passera très bien.

Puis il frappa discrètement à une porte qui s'ouvrit tout de suite sur le visage souriant du général.

Le lieutenant se mit au garde-à-vous et dit :

— Mon général, je vous présente l'homme dont je vous ai parlé, le responsable à qui on peut faire confiance.

Le général lui fit un salut militaire. Quand il eut fini, il dit :

— Entrez, je vous prie.

Thomas pénétra dans le bureau, parut saisi par le décor. Il manifestait son émotion par un petit sourire : une fossette se creusait dans sa joue gauche.

— Comment allez-vous ? demanda en souriant le général qui était suivi du lieutenant.

— Bien, merci.

— Asseyez-vous, s'il vous plaît, dit le général.

Thomas hésita, puis s'approcha du commandant qui s'était levé. Ils se serrèrent longuement la main en souriant. Et sans un mot, il alla s'asseoir dans un fauteuil mœlleux.

Le général fixa le combiné du téléphone qui était posé sur le côté. Il dit :

— Je suis en communication avec l'Elysée.

Le visage de Thomas exprima la surprise. Il dressa l'oreille. Le mot « Elysée » avait eu un effet magique sur lui.

Le général ramena son regard sur le visage de Thomas et poursuivit :

— Je pense que vous désirez que cette grève aboutisse à une victoire des travailleurs. Nous aussi, nous le désirons pour la paix et l'ordre public au Congo. Votre pays a autant intérêt que la France, sinon plus, à ce que nous arrivions à un compromis. D'abord nous vous demandons des assurances. Le général de Gaulle, qui attend au bout du fil, insiste sur le fait que les Français vivant au Congo et leurs biens ne doivent être touchés sous aucun prétexte.

Le général de Division insista sur cette dernière phrase en suivant attentivement sur le visage de Thomas l'effet produit.

Thomas haussa les épaules.

— Est-ce que vous nous le garantissez ? demanda le général.

— Oui.

— Parfait.

Il s'approcha du téléphone, prit le combiné et le tendit à Thomas.

— Vous avez le général de Gaulle.

Avec des mains tremblantes et dans le cœur un brûlant remous, Thomas prit l'appareil.

— Allo ! fit-il timidement... Oui... Certainement, mon général, je le promets... Mon général, au nom du Congo, et devant l'Armée française, je vous donne ma parole que le peuple congolais ne jettera pas une pierre à la population française se trouvant au Congo...

Il se tut, et écouta un moment.

— Oui, mon général.

Il se tourna vers le général de Division et lui tendit aussitôt l'appareil en disant :

— Le général de Gaulle vous demande.

Le général de Division parla avec le général de Gaulle ; plus exactement il écoutait sans rien dire ce que lui disait le président de la République française, plaçant brièvement de temps à autre : « Entendu », « Bien », « A vos ordres », « Ce sera fait ».

Pendant que la discussion se poursuivait entre les deux généraux, Thomas ne parvenait pas à comprendre s'il rêvait, ou si la scène qui se déroulait dans ce bureau était réelle. Il resta un instant debout face au général, tentant de se persuader que le général de Gaulle était bien leur allié d'un jour. Cette fois, il n'y avait même plus l'ombre d'un doute.

Il fit un brusque demi-tour, puis vint se rasseoir. Son regard croisa ceux du commandant et du lieutenant. Il renifla, puis sourit. Ils lui rendirent son sourire.

Lorsque le général raccrocha, il porta son regard sur Thomas et dit :

— Le général de Gaulle vient de m'ordonner de ne plus soutenir le président Fulbert YOULOU. Il lui demandera de démissionner.

Comme il se levait, il ajouta :

— L'armée n'interviendra pas contre la marche sur le Palais. C'est ce que vous vouliez ?

— C'est bien ça, mon général.

— Alors, bonne chance.

— Je vous remercie, mon général.

Se tournant vers le commandant et le lieutenant :

— A vous deux aussi, je vous dis merci.

Puis fixant le général, il ajouta :

— Que pouvez-vous pour lui ?

— Qui ?

— Youlou.

— Pas grand-chose, je le crains... Veillez seulement à ce qu'il ne lui arrive rien.

Thomas serra chaleureusement les mains du général, du commandant et du lieutenant, puis quitta l'état-major.

Dans le Palais, l'angoisse du président augmentait. Il prit sa tête entre ses mains et réfléchit longuement. Il lui fallait trouver seul la solution. Il croyait de moins en moins aux concours de circonstances.

La chronologie des événements suivait un schéma bien précis. Si sa pensée était exacte, les syndicalistes s'acharneraient contre son régime pour le faire écrouler... mais bénéficiaient à l'intérieur du pays d'un réseau bien organisé et efficace composé des intellectuels. Pourtant, cela ne pouvait expliquer qu'une partie du problème : pourquoi de Gaulle tardait-il tant à le soutenir ? Peut-être visait-il autre chose, en laissant la situation s'aggraver ?...

Comme il continuait de soupeser sa vie, il entendit, enfin, la sonnerie du téléphone.

Il eut vers l'appareil un mouvement rapide. En le décrochant, il se sentit inondé d'une merveilleuse espérance. Il eût donné son âme pour entendre la voix rassurante de...

... Ce fut un brûlant remous dans le cœur.

Il écoutait. Son visage prenait à mesure de dures lignes géométriques. Les rides du front devenaient des bourrelets. Les grosses lèvres formaient une énorme moue. De temps en temps, il reniflait avec force.

La communication qui lui venait de Paris ne dura pas longtemps.

— Alors c'est la fin ! dit-il. Mes derniers espoirs reposaient sur vous. Pour moi, il est certain que les communistes vont envahir le Congo dans les jours qui vont suivre. A brève échéance, il sera entièrement soviétisé.

L'Élysée resta sourd à son appel.

— Mon général, après moi, ce sera le communisme.

La voix du général de Gaulle résonna de façon inaccoutumée. Il n'eut pas le choix ; il devait suivre les instructions qu'on lui dictait au téléphone.

Il secoua la tête.

A l'autre bout, de Gaulle l'entendit souffler, groggy. Un réveil plutôt triste dont il se souviendrait.

— Bien, bien, dit-il d'une voix devenue sourde. Je ferai ce que vous désirez.

Il raccrocha, puis resta absent. Son cœur se mit à battre si irrégulièrement qu'il eut par instants l'impression d'étouffer.

Cette communication téléphonique était, à ses oreilles, un coup dur. L'avenir, pour lui, venait de se compliquer. Un trouble plus grand encore l'envahit ; il était composé de reproches qu'il s'adressait à lui-même et dont il grossissait à vue d'œil les conséquences. Maintenant que de Gaulle lui avait tourné le dos, il tenait pour une sottise trop gratuite d'avoir refusé de congédier tous ses ministres. L'occasion pourtant était de prix. Au lieu d'assurer le beau rôle, il s'était montré réticent. Et puis après tout, s'il en devait être autrement, il avait trop ce bureau dans la peau pour le quitter.

Et le Pays !

Le pays était en lui. Il lui avait insufflé la vie de l'indépendance. Il avait développé les relations de son pays. Il n'avait manqué ni de rechercher l'unité nationale ni de faire face à des responsabilités nouvelles qui étaient les siennes. Il avait découvert des débouchés pour son pays. Il avait cette volonté de développement et d'action. Il avait su prévoir un pays résolument moderne, évolué, développé. Il avait été prudent et hardi. Il avait été un Président.

Maintenant, il était trop tard. Des événements au loin fomentés venaient le mettre en échec. Ni la prudence, ni la hardiesse, ni la politique, ni le savoir, ni les relations n'étaient plus en pouvoir de rien faire pour lui. Il n'y a pas d'amitié dans ce genre d'événement. Il n'y a que des forces.

*
* *

Le président qui avait placé ses doigts entre les persiennes pour regarder à nouveau la foule les retira. Il frissonnait en sentant pénétrer à travers ces persiennes le souffle de la passion agressive et partisane du peuple.

Pourquoi lui en voulait-on ?

Il poussa un grand soupir. Le volet frémit. Il se dirigea vers son bureau et s'arrêta au milieu de la pièce.

Pourquoi le peuple lui en voulait-il ?

Il ne comprenait pas. La furieuse bataille qui s'engagea au fond du grand silence de sa solitude aboutissait maintenant à une immense fatigue. Son être était déjà comme refroidi.

Les hurlements éclataient avec un redoublement de violence :

« Démission ! Démission ! »

Cela grondait. On huait le gouvernement, et son nom n'arrangeait rien. Il les entendait :

« Youlou a tout volé ».

Quoi ? Le traiter de voleur ! Mais qu'avait-il fait de mal ? Qu'avait-il volé pour qu'on le traite ainsi ?

Les yeux fixés sur la photo, il sombra quelques secondes dans une profonde méditation. Douloureuses, ses pensées n'avaient nul rapport avec son portrait dont le cadre était accroché au mur.

Il devint fou. Il sentit que son cerveau allait éclater. Il se tourna et se retourna. Il y avait une agitation dans ses mouvements.

Comment laver une telle souillure ?

Une injustice flottait dans la pièce qui lui soulevait le cœur. Il éprouva une grande colère contre ces gens qui ne comprenaient pas. D'ailleurs, ils ne pouvaient pas comprendre.

Soudain, ses nerfs se détendirent et la fatigue l'envahit. Plein d'amertume, il secoua la tête et poussa un grand soupir. Il vivait là les minutes les plus sombres de toute son existence.

Il traversa de nouveau la pièce d'un pas lent et retourna à son bureau. En face du fauteuil, il fit une pause. Il tendit le pied droit, allongea lentement son bras devant lui et saisit le dossier du fauteuil de sa main gauche. D'un geste lent, il passa sa main droite sur son visage. Puis leva les yeux au plafond. Il frissonna.

Écrasé par ce plafond blanc, il rentra sa tête dans les épaules et, le corps penché en avant, s'approcha du fauteuil dans lequel il s'affaissa doucement. Tout tremblant, il allongea les jambes sous la table. La tête rejetée en arrière, il ferma les yeux. Immédiatement des petits points rouges sautillèrent devant ses paupières closes. Ils avançaient et reculaient d'un mouvement régulier. Pendant plus d'une minute, il les observa tranquillement. Mais bientôt il y découvrit des images. Elles surgirent par milliers avant même qu'il eût pu se redresser et se frotter les yeux.

Les mains sur les yeux, le corps complètement affaissé, il marmotta :

— Ah ! vraiment, quelle ingratitude... Le peuple ne sait plus reconnaître les services rendus.

Il s'arrêta. Son corps se crispa, ses poings se serrèrent. Il regarda un moment dans le vide, se renversa sur le dossier. Il croyait que sa personne exerçait encore une puissante force d'attraction. Il avait l'espoir de voir bientôt prendre fin cette grève par l'intervention de l'armée française contre le peuple ; ou plutôt contre les grévistes. Il pensait qu'il en résulterait un tournant des événements.

La déception fut grande, mais il fut plus amer de constater qu'il ne fallait plus espérer retrouver la protection dont il bénéficiait. La France le laissait tomber. Tout ça était devenu bien compliqué.

Les hommes n'arrivaient jamais à s'entendre. Un président et son peuple qui ne s'entendent plus !

Alors... les hommes sont fous, quel gâchis !

Il poussa un grand soupir et resta là immobile.

Brusquement, il se rendit compte qu'il était seul avec lui-même devant la République et devant la défaite, sa défaite ; seul en face de son destin. Il se sentit las, perdu.

D'après le silence chargé de tension, il comprit que la fin de son « règne » avait commencé. Il en tira les conséquences. Il décida sa dernière mission comme un devoir envers le peuple, auquel il ne pouvait se dérober sous aucun prétexte.

Il donna l'ordre à la Garde présidentielle d'évacuer les lieux.

Cette minute était son drame. La foule était à quelques minutes de la grande victoire.

Après qu'il eut donné cet ordre, il se leva d'un bond. Il ferma les mâchoires et se mordit la lèvre inférieure. Il retourna se mettre derrière la fenêtre et épia la foule.

Le climat était tendu. Le paysage environnant, n'en parlons pas. Les gens, c'était encore le plus difficile.

Tout cela était si troublant, terriblement troublant... Et pourtant, il pensait avoir fait tout ce qu'il pouvait pour contenter son peuple.

Tout ce qu'il pouvait était-il très peu ?

Se résigner demande une très haute philosophie. Enfin. Il soupira, réfléchit un moment. Puis en hâte, il retourna dans son fauteuil, traînant ses jambes devenues lourdes. Il ferma les yeux. A présent, plus rien n'apparaissait devant ses paupières. Il les ouvrit. Pendant un instant, un brouillard ternit sa vue. Ceci l'effraya et il demeura immobile. Mais bientôt des larmes ruisselèrent sur ses joues. Il soupira de nouveau et les essuya de ses doigts.

Accoudé maintenant sur son bureau, il appuya sur le bouton et son intendant parut aussi vite que si le courant de la sonnerie avait eu pour effet de l'actionner lui aussi comme cette mécanique.

— Faites venir les délégués.

— Oui, Monsieur le président.

Lorsqu'il disparut derrière la porte, le président sortit un dossier.

Le cœur lourd, il pensa à sa situation. Son règne prendra fin par la signature de sa démission.

Cet acte ne pouvait être que le dernier qu'il pût, comme président, accomplir.

Que deviendra-t-il après ?

— Camarades ! un peu de silence s'il vous plaît.

C'était la voix du syndicaliste, sonore et ferme.

Tous se tournèrent vers lui, l'entourèrent.

— Camarades ! écoutez-moi tous. Voilà, nous sommes appelés par le président. Nous allons le voir pour lui demander d'ouvrir les négociations en vue d'une démission.

— Oui ! Oui !...

— Attendez-nous.

Le président demeura un moment à la même place, les yeux dans le vide. Il avait l'air de rêver. Soudain, il se leva droit, avec une raideur et une dignité de Roi blessé, dans un silence impressionnant où l'on entendit le tic-tac de la pendule. Il marcha de long en large les mains derrière le dos. A plusieurs reprises, il regarda, accrochée au mur, sa photographie prise lors de son investiture à la magistrature suprême. Elle le représentait vêtu d'une soutane rose, devant la bibliothèque de son bureau. Il avait un sourire aimable. On n'avait rien à lui reprocher. Il s'arrêta devant une toile. Elle représentait le portrait d'un grand homme...

Le général de Gaulle.

Il tourna vers lui un regard de tranquille indifférence et haussa les épaules.

— C'est de l'humour, tout ça, dit-il paisiblement. Il devait bien avoir un maître lui aussi.

Et peu après, non sans avoir réprimé maintes brusqueries agressives et défensives, il répéta, le dévisageant avec calme :

— C'est de l'humour. Vous vous en sortez bien.

On frappa à la porte. Il se retourna. La silhouette de l'intendant apparut de nouveau.

— Ils sont là, Monsieur le président.

— Bon, qu'ils entrent.

Lorsqu'il disparut, la porte s'ouvrit grandement toute seule quand les délégués s'y présentèrent.

Amplifiant à peine le mouvement de sa tête, le président dévisagea tout le monde :

— J'avoue que je vous ai sous-estimés, dit-il. Et s'éloignant, dans un soupir que peu entendirent :

— Ah, ces communistes.

Dehors, l'attente de la foule se prolongeait.

Beaucoup étaient assis sur la pelouse, d'autres sur les pavés de la rue devant le Palais. Quelques-uns erraient sur la place, formaient des groupes et conversaient sourdement, pensifs ou animés. Personne ne se tenait à l'écart, on lisait clairement sur tous les visages le désir de parler, de questionner, d'écouter. On ne pouvait s'empêcher de parler. Même si c'était pour ne rien dire. L'idée sans doute de garder le contact. C'était vrai.

Quelques-uns partaient d'un groupe à l'autre. On les voyait déambuler, agités comme sous la rafale d'un vent violent, et semblaient chercher à se raccrocher à quelque chose de ferme et de sûr. D'autres expliquaient, donnaient confiance, encourageaient, s'enthousiasmaient.

Soudain, il se fit un grand bruit sur la place.

Une jeep dans laquelle se trouvaient trois officiers de l'armée congolaise arriva à toute vitesse et s'arrêta brusquement devant l'entrée du Palais. Le sombre rugissement de la sirène engloutit le bruit des conversations. Un frémissement parcourut la foule. Ceux qui étaient assis se levèrent. En un instant, tout se figea dans une attente impatiente.

La grille s'ouvrit. Elle se referma aussitôt après le passage du véhicule. Les trois officiers sautèrent à terre devant le perron du Palais, et montèrent rapidement les marches.

La foule les considéra dans un murmure et attendit, alors qu'ils disparaissaient à l'intérieur du bâtiment.

*

* *

Quand la porte s'ouvrit, les trois hommes qui entraient encore tournés vers la foule, aperçurent le visage du président, et cette expression sombre et courtoise qu'il avait. Il se leva, ayant vu les yeux des autres sur lui. Les officiers se mirent debout dans un même mouvement. Les épaules légèrement voûtées, la lèvre inférieure qui avançait, il les invita à s'asseoir. Les trois officiers se retournèrent, cherchant les sièges du regard. Ils se risquèrent sur le canapé.

Le président se rassit. Il y eut un silence. Puis :

— Ecoutez, dit-il. C'est après avoir mûrement réfléchi que j'ai pris cette décision de vous faire venir.

Il se redressa et se tint tout droit et un peu crispé, relâcha la violence de son regard et continua d'une voix devenue presque douce :

— Je vous écoute.

La phrase était suivie d'un regard circulaire, glissa sur les trois soldats pour revenir cadrer les syndicalistes.

Le président du Comité parla le premier.

— Monsieur le président, nous sommes venus vous porter le message du peuple qui nous a délégués. Il vous demande de démissionner.

Et le syndicaliste se mit à exposer les faits. Le président l'écoutait, jouait nerveusement de tout ce qui était sous sa main, dodelinant de la tête.

— Le peuple a décidé d'aller jusqu'au bout et il saura tenir son serment. Vous l'entendez crier d'ici... Nous vous demandons, au nom de ce peuple, de ne pas entraver sa marche.

Le président fixait attentivement le syndicaliste, s'efforçant péniblement à suivre le fil de son récit. Son cœur se serrait douloureusement. Il ressentait ces paroles comme une offense. Alors, il ne put contenir un mouvement de colère. Il poussa d'un geste brusque les dossiers devant lui et cria :

— Au nom du peuple... Au nom du peuple...

— Oui, Monsieur le président. C'est bien ça.

Puis tour à tour, les autres délégués donnèrent des précisions, des arguments, des détails techniques sur la situation. Le président les regarda avec stupéfaction et une pensée lui traversa l'esprit :

« Des malins, voilà ce que vous êtes... Vous profitez des circonstances pour vous pousser en avant... »

Soudain, un vacarme retentit. Les délégués s'interrompirent. Tous dans cette salle se turent, l'oreille tendue.

Une immense ovation éclata en bas, devant les grilles du Palais. Puis les remous de la foule se figèrent. Quelqu'un à la voix de basse tonitruante entonna un chant populaire. Spontanément, de la foule fervente s'éleva comme une prière le refrain parlé que les hommes, les femmes et les enfants répétèrent d'une seule voix. Mais toutes ces poitrines gonflées, poussant la note toujours plus haut, appuyaient de leur chœur la plaidoirie des délégués. Et les refrains où revenaient comme un martèlement les cris de : « Youlou démission, mort aux gendarmes. A bas le gouvernement, vive le Congo », prenaient du champ, élargissaient des ondes d'émotions et trouvaient devant les façades du Palais une grandeur authentique.

La litanie continua, les voix s'amplifièrent, puis s'arrêtèrent. Un silence s'installa, sauf pour le murmure d'impatience. Cependant, autour de la table de négociation, les parties concernées se taisaient toujours. Enfin, ce fut le chef de la délégation qui, après avoir poussé un grand soupir, reprit la parole d'une voix cassée.

— Vous avez entendu ?...

Il épia les traits crispés du président.

— Maintenant, c'est à vous de prendre vos responsabilités, conclut le syndicaliste.

Le buste penché, ses deux mains courtes et grasses, aux doigts écartés, ouvertes et soupesant l'argument, le président parla avec une calme puissance. Il ne s'emportait pas. Chacune de ses phrases s'avançait avec solidité. Il poursuivit après un temps de silence :

— J'espère que vous êtes conscients de ce que vous faites.

Il était midi. Dehors personne n'avait mangé, personne ne s'éloignait et personne n'avait quitté le Palais des yeux. L'attente continuait avec de nombreuses et diverses rencontres des figures aussi bien familières qu'inconnues. Chacun posait des questions. On y parlait des familles et des amis qu'on n'avait pas vus depuis des mois et même depuis le temps qu'on ne s'était revu. Qu'étaient-ils devenus ? On s'enquérait des quartiers, on demandait de quoi fumer. La curiosité des uns et des autres dura un moment. Elle s'étendit à tout et son avidité pour les potins faisait rire certains. Et doucement, la conversation revint sur leur présence dans ce lieu et sur ce qu'ils y faisaient.

A douze heures trente minutes, personne n'avait bougé et personne n'était sorti du Palais. Les pourparlers continuaient.

— Oh ! Je sais bien, dit le président, que je n'ai pas grand-chose à attendre de l'indulgence du peuple ! Mais si nous devions régler notre conduite sur l'assurance d'une réciprocité... Non. Vous savez que j'ai toujours eu votre confiance. Je ne sais trop pourquoi, c'est un fait. J'ai essayé de la mériter. Je suis intervenu dans la vie publique. Souvent. Sans doute avec peu de résultats ! Je n'étais pas le gouvernement, je n'étais que le chef. Mais vous savez que mes ministres... ils n'étaient pas incapables ! ce serait une grave erreur de le penser.

Enfin, il promit tout ce que le peuple voulut. Sa voix tranquille et grave n'irritait plus ses interlocuteurs. Au contraire, ils la trouvaient maintenant réconciliante.

Isolé dans son intérieur, le président s'efforçait de reprendre le fil de ses idées. Il pesa longuement tous ses arguments et ne prit sa décision qu'après une pénible lutte intérieure. Il se pencha sur son bureau. Il n'éprouvait en ces minutes ni peur particulière, ni aucun autre sentiment, si ce n'était le désir que tout se passât le plus loyalement et sans brutalité.

Après quatre heures de négociations, les délégués comprirent que le moment historique approchait. En effet, le président saisit sur la table un stylo et un papier, puis hésita. Un tremblement lui parcourait les entrailles.

Pour qui démissionnait-il ?

Cette question brusquement s'imposa à lui. Son esprit erra un moment autour de cette interrogation. Il renifla bruyamment, fixa le papier. Il se redressa. Un sentiment de complète impuissance s'empara de lui. Il semblait non seulement avoir perdu le pouvoir de s'exprimer, mais avoir même oublié ce qu'il avait d'abord eu l'intention d'écrire.

Les secondes passaient. Le président n'était conscient que du vide de la page qui était devant lui. A ce moment, il ne lui était jamais venu à l'esprit que ce dont il avait besoin, c'était le courage. Ecrire était facile. Mais transcrire sur le papier l'acte décisif qui, littéralement, depuis quelques heures se poursuivait dans son cerveau, le bloquait.

Puis il eut une sorte de contrainte. Son esprit, comme s'écartant par pudeur d'une idée, paraissait incapable de se concentrer. Il savait qu'il connaissait ce qui suivrait mais, pour le moment, ne pouvait s'en souvenir. Lorsqu'il eut la certitude que sa sécurité était garantie, il retrouva la mémoire de son idée, par un raisonnement conscient.

Entre ses doigts, il eut l'impression que le stylo était épais, peu maniable. Avec le soupir profond que la présence même de la délégation ne pouvait l'empêcher de pousser, en petites lettres maladroites, il se mit à écrire l'interminable monologue. Après quelques phrases, il s'arrêta, en partie parce qu'il souffrait d'une crampe. Il ne savait ce qui l'avait poussé à déverser ce torrent d'absurdités, mais le curieux était que, tandis qu'il écrivait, des mots totalement différents s'étaient précisés dans son esprit, au point qu'il se sentait presque capable de les écrire. Ces mots, il les avait prononcés lors du discours célébrant l'indépendance du pays :

> « Vous allez manifester à juste titre votre allégresse, car il est bien vrai que nous vivons un jour faste et ce 15 août 1960 doit être consacré à la joie.
>
> Mais cette journée doit être aussi un moment de réflexion, car elle marque une étape essentielle de la vie de notre État ».

Machinalement, il fixa la date qu'il venait de porter en haut de la feuille : Brazzaville, le 15 août 1963. Son saisissement fut tel, que la plume faillit lui échapper des doigts.

« Quelle est cette date ? » se demanda-t-il au fond de sa pensée, sans pouvoir s'expliquer encore les causes de son embarras. Après un moment de réflexion, il se souvint enfin que c'était le jour de la fête nationale.

Il réalisa soudain qu'il rédigeait sa démission trois ans,

jour pour jour, après la célébration de l'indépendance. Il secoua la tête et se remit au travail. Il signa puis donna un coup de tampon buvard. Il se redressa. Le chef de la délégation vit dans la main de l'autre qui n'ouvrit pas la bouche, qui serrait même les mâchoires, un signe de mauvaise humeur ; il voyait dans sa main la démission. Cette démission lui était tendue, d'assez loin et d'un air rogue.

— Hum ?... fit le président du Comité de Fusion.

Le président lui poussa sous le nez la feuille de papier.

— Voilà ma démission.

Le président du Comité laissa son regard un moment fixé sur le visage fermé. Il prit le papier.

Le président reprit :

— Vous avez ma démission entre vos mains. Faites-en bon usage. Je voudrais préciser un détail, un point essentiel qui figure dedans.

Il considéra tous les délégués qui étaient devant lui. Il lui fallait désigner celui de ces hommes auquel il confierait la charge de l'État. Évidemment il aurait pu choisir pour cette responsabilité l'un des civils. Mais cette pensée ayant effleuré son esprit, il la rejeta tout aussitôt. Il convenait de charger de cette tâche quelqu'un qui symbolisait, par l'ampleur et l'importance de son action, l'état actuel de la force congolaise et la moralité de son personnel.

Il se tourna vers le capitaine et lui jeta un coup d'œil attristé. Il dit :

— Capitaine Mountsaka !

— A vos ordres, Monsieur le président, répondit Mountsaka, en se redressant de toute sa stature.

Le président attendit. Il pensait qu'il était préparé à tout entendre. Et il l'était. A tout, sauf à ce qui devait suivre.

— Vous êtes l'officier le plus gradé de l'armée congolaise, capitaine Moustsaka, lui dit-il lentement. Aussi, je remets le pouvoir entre vos mains pour assurer l'ordre et la paix dans le pays, en attendant que soit formé le nouveau gouvernement.

Mountsaka reçut le choc sans faiblir. Il retint brusquement son souffle et ses yeux s'agrandirent.

Si le président s'était proposé de lui ménager une surprise, il y était admirablement parvenu. Il resta sur place, le regardant, paupières battantes, bouche bée, le cerveau refusant tout service. Il ne savait pas comment il accueillit cette proposition. Instinctivement, il savait qu'il ne plaisantait pas, mais malgré cela, il ne pouvait y croire.

Président de la République ? C'était le... pouvoir ? Et le pouvoir était une force. Il pouvait laisser prévoir beaucoup de perspectives et beaucoup d'agréments. Ce n'était pas une chose dont on pouvait se moquer, même si on la comprenait. Or, il ne la comprenait pas.

Il aurait voulu parler mais il ne sut que dire. S'il s'agissait d'une plaisanterie, il ne voulut pas avoir l'air de prendre la chose au sérieux. Mais si le président avait parlé sérieusement, il ne voulut pas non plus le froisser. C'était une situation ridicule pour un homme. Surtout pour un officier nommé Mountsaka.

Il lui dit tranquillement :

— Vous êtes...

Le président opina de la tête.

— Vous devez prêter serment.

— Pourquoi moi ?

La question sortit de ses lèvres avant qu'il ait su qu'il allait la poser.

Le président hésita, puis :

— Parce que vous êtes, par les pouvoirs que vous confère votre grade, le plus à même pour maintenir l'ordre et la paix avant la constitution du nouveau gouvernement. C'est une affaire de soixante-douze heures au plus tard.

Il humecta ses lèvres et reprit :

— Dans les circonstances actuelles, vous êtes la personne capable d'assumer cette lourde tâche.

Ces paroles le frappèrent au plus profond de lui-même. Il s'en pénétrait et ne sut que répondre. Ce n'était pas facile pour lui. Il pensait à beaucoup de choses à dire, mais toutes paraissaient plus banales les unes que les autres. Aucune ne convenait. Elles avaient été dites avant par d'autres hommes, dans d'autres circonstances. Pour cette raison, elles paraissaient immanquablement inutiles.

Ils étaient là, debout, se regardant l'un l'autre. Le président attendait qu'il réponde, mais ne disait rien. Il se trouvait dans une situation critique. Il ignorait quelle attitude il convenait de prendre en pareil cas. Il n'avait toujours fait aucun mouvement, ni proféré aucune parole.

Comme il paraissait ébloui et hébété, le président lui dit :

— Aussi peu habitué que l'on puisse être devant de telles responsabilités... il faut que vous acceptiez.

Mountsaka se tourna vers les deux sous-officiers et ensuite vers les délégués. Se trouvant à court de mots, il fit ce qu'il y avait de mieux à faire : le sourire le plus ténu passa rapidement sur ses lèvres.

Puis il se mit à parler.

— Monsieur le président, dit-il en fixant son interlocuteur...

Il n'alla pas plus loin et se mit à tirer sur sa cravate aux fins de la ramener à sa juste place dont elle tendait à s'éloigner. Et puis il soupira.

Il voulait faire comprendre au président combien il le respectait ; combien il était profondément touché. C'était extrêmement important qu'il le comprît parce qu'il savait, qu'il accepterait cette proposition malgré lui.

En lui-même, tout n'était que confusion. Les sentiments et le bon sens se livraient une furieuse bataille. Il eût été facile de dire « non ». Mais l'attrait du pouvoir comme la peur de ne pas être au rendez-vous de l'Histoire du Congo étaient les plus forts.

Maintenant il savait qu'il allait dire « oui ». Mais ne savait comment le dire. Il voulait bien être président par intérim, juste le temps qu'il faut pour qu'un gouvernement soit constitué. Sa conscience nationaliste avait pour seul souci de remettre le pouvoir le plus vite possible aux civils. Il ne voulait pas le confisquer.

— J'accepte cette charge, Monsieur le président, murmura-t-il enfin. Je l'accepte pour maintenir l'ordre et la paix dans notre pays. Je suis prêt à le restituer aux civils dès le gouvernement provisoire nommé.

— Je suis heureux de cette décision, capitaine Mountsaka. Je savais qu'en dépit de quelques hésitations, vous sauriez vous rallier au bon sens.

Mountsaka se confondit, tout d'abord, en remerciements en son nom personnel et au nom de ses camarades. Puis il expliqua qu'il n'avait pas l'expérience du pouvoir civil, mais qu'il espérait bien compter sur la collaboration du Comité pour assurer convenablement cette tâche.

Il reçut des compliments des autres dont il n'était pas mécontent. Il faisait une petite moue, et c'était quand même un sourire.

Le président serra la main de l'officier dans les deux siennes.

— Je déplore profondément, sans colère et sans haine, pour le Congo, plus encore que pour l'équipe qui l'a servi pendant trois ans, que tant de Congolais ne peuvent concevoir ni sentir ce que mon régime avait de meilleur. Hum... En tout cas, j'ai fait ce qui me semblait bon pour le pays, et je l'ai fait avec honnêteté. Je ne me reproche rien... Maintenant, laissez-moi seul avec le capitaine.

La voix était toujours grave, profonde, émouvante. Ce qu'il sentit à ce moment, il n'y avait pas de mots, ni pensée claire pour le traduire.

Une impatience nerveuse avait pris la foule. Les nerfs tenaient mal.

C'est à ce moment-là que Thomas arriva essoufflé. Il avait hâte de connaître exactement la situation devant le Palais. Dans la foule, il ne parvenait pas à se frayer un passage vers la tête.

— Oh ! pardon !... pardon !... excusez-moi.

De bousculade en bousculade, baissant la tête pour ne pas heurter contre un bras ou un coude, il arriva devant les gens qui parlaient avec animation, s'efforçant d'expliquer la situation. Il demanda :

— Que se passe-t-il ici, où sont les délégués ?

— A l'intérieur du Palais en train de négocier la démission de Youlou. D'ailleurs d'où viens-tu ? C'est maintenant que tu arrives ?

Une voix cria :

— Qui c'est, celui-là !...

On lui lança des jurons. Tous les regards se tournèrent vers Thomas qui, se glissant parmi les gens, se fit tout petit et disparut dans la foule.

La discussion continua encore plus vive.

*
* *

Indifférentes, obstinées, inexorables, les aiguilles de la montre poursuivaient leur rotation. Treize heures, rien. Tous regardaient le Palais, à l'endroit où devaient apparaître les délégués.

Cinq... dix minutes... Soudain une silhouette, deux, puis trois apparurent.

— Les voilà ! hurla une voix.

C'était la minute attendue par un million cent mille habitants pour respirer d'une poitrine profonde.

Debout sur le perron, les délégués parlaient en gesticulant. Ils se sentaient comme enivrés de ce papier-message dont ils étaient porteurs. Ils étaient tous contents d'avoir mené la lutte jusqu'au bout. Ils s'efforcèrent d'être calmes.

Devant la grille, la foule se taisait, retenait son souffle. L'un des syndicalistes éprouvant sans doute un sentiment trop grand pour l'exprimer par des mots ordinaires, leva simplement les bras, se mit à agiter la feuille sur laquelle le président venait de signer la démission.

Quelqu'un poussa un cri, un cri de joie. C'était tout de suite la fête.

Ils eurent le sentiment d'être sortis d'un long tunnel et de recommencer à vivre. Jamais on n'avait vu tant de monde sur la petite place, ni un tel débordement d'enthousiasme. A croire que presque toute la ville était là, heureuse non seulement de sa délivrance, mais aussi d'un pouvoir nouveau, jeune et presque révolutionnaire.

Qui eût imaginé pareil spectacle quelques mois plus tôt, devant le Palais présidentiel !

Les syndicalistes descendirent lourdement les marches et s'avancèrent vers la foule. La place hurla sa joie. On entendit rouler au loin des « hourrah, hourrah, hourrah ! » saccadés.

— Bravo ! Bravo !

Un autre cri sonore retentit :

— Vive le Congo !

Ivres de joie, les gens lançaient leurs mouchoirs ou levaient leurs bras en signe de victoire.

Dans cette liesse populaire, il était impossible de distinguer d'où venaient les cris de joie. Les hommes comme les femmes accouraient de toutes parts, se pressaient autour des délégués.

C'était l'euphorie.

— Camarades ! Camarades ! répétaient les syndicalistes, en puisant dans ce mot l'énergie et l'enthousiasme.

Lorsqu'ils obtinrent le silence, une voix s'éleva :

— Voilà, le président a signé...

Acclamations, cris de joie lui coupèrent la parole. Il attendit. Le silence revint. Il reprit : la voix était sourde et émue. Elle s'affirma et le ton s'éleva. Le but de la grève était atteint ; et il termina dans un cri :

— La démission a été signée à treize heures zéro cinq minutes.

C'était enfin arrivé ! Le message attendu était venu. Il semblait au vieux qu'il l'avait attendu toute sa vie.

— Hourrah ! Hourrah !

— Vive à jamais le Congo !

— Écoutez ! Écoutez !

La foule se tut.

— Il a remis le pouvoir à l'armée congolaise qui assurera l'ordre dans le pays. Ce pouvoir, confié au capitaine Mountsaka, prendra fin sous vingt-quatre heures par la mise en place d'un gouvernement de transition... Nous avons donc gagné.

— Bravo ! Bravo !

— Rentrez chez vous maintenant, la grève est terminée. Dès demain matin, reprenez votre travail.

A ces mots, la foule ondula.

Lentement, les cortèges tournèrent, la foule en bruissant s'ébranla, le tumulte couvait, le chant se réveilla, s'embrasa, rugit à travers une voix sonore :

« On a tout détruit... »

Des dizaines de voix reprirent en une vague puissante :

« Nous bâtirons de nouveau »

La voix reprit :

« Il suffit de la liberté »

Et le chœur répondit :

« Congo ooo. »

En chantant la victoire, les gens se dispersaient en même temps que les cris s'éteignaient dans les sons du chant, de ce chant qui, dans les rues, coulait comme le fleuve congo, sans détours, d'une terrible puissance magnifique.

*

* *

Entre deux nuages gris qui voguaient plus lentement, un soleil tranquille sortit, mêlant sa chaleur à la fraîcheur de cet après-midi du 15 Août. Et cette ligne de lumière, si resserrée, si pauvre, l'air pensante et presque endeuillée, apporta tout de même à chacun la preuve que l'espoir existait.

On entendit la voix du président de la République à la radio. Elle adressait, au peuple, un message d'adieu émouvant. Tandis que Brazzaville avait une odeur vivante, une chaleur fraternelle.

Une véritable marée de joie déferla sur le pays. Toute la ville et la campagne étaient en fête. Au coin des rues ou des routes, on rencontrait des groupes animés de gens qui semblaient ne pas s'être vus depuis longtemps. Tout ce monde s'abordait, le sourire aux lèvres, se félicitant de la victoire commune. On se découvrait mille amis et chacun était sincèrement désireux de se rendre utile.

Tout cela se passait comme si après mille ans d'obscurité, on apercevait un rayon de lumière. Maintenant subitement, tous les habitants s'apercevaient que la vie changeait avec vélocité.

Le Congo apparaissait, aux yeux de tous, plus beau, d'un visage plus clair. Il respirait profondément, comme libéré d'une oppression.

Ainsi, le Premier président du Congo venait de démissionner !

*

* *

Depuis cinq minutes, le capitaine Mountsaka, investi de tous les pouvoirs, marchait de long en large dans son bureau de l'état-major. Il était près de cinq heures de l'après-midi et l'officier congolais, après un rapide repas chez lui, marchait toujours ainsi depuis quelques minutes, histoire de s'éclaircir l'esprit.

Grand et solide, les cheveux coupés court, le front quelque peu dégarni, Mountsaka était vêtu de sa tenue d'officier. Le froid ce soir-là était plus vif, mais l'enthousiasme que lui procuraient les tâches immenses qu'il avait à remplir l'aidait à oublier les rigueurs du climat.

Il vivait le plus extraordinaire roman d'aventures qu'il eût jamais osé imaginer. Malgré ses trente-cinq ans, il retrouvait en lui un renouveau de jeunesse. En élargissant le cadre de ses activités, les événements l'avaient révélé à lui-même. Trois années auparavant, brillant soldat dans l'armée française, dont il était l'un des premiers officiers congolais de sa génération, il croyait avoir atteint le plafond de ses ambitions. Tout cela n'était rien en regard de ce qu'il était devenu. En recevant les pleins pouvoirs de l'État de la main du président démissionnaire, il était maintenant lui-même responsable au plus haut niveau du pays. Si cela ne durait que soixante-douze heures, cela lui faisait grand honneur.

Sur son bureau recouvert d'une plaque de verre, le téléphone sonna. C'était une communication attendue, pour laquelle justement il avait abrégé son repas.

Il décrocha.

— La réunion a lieu dans deux heures, Monsieur le « président ». Prenez vos dispositions, déclara au bout du fil la voix claire et joviale du président du Comité.

— Merci.

Raccrochant l'écouteur, Mountsaka se frotta les mains.

— Monsieur le président, se répéta-t-il à lui-même... Il m'a appelé Monsieur le président.

Il s'étonnait de s'entendre appeler ainsi. Il sourit, hôcha la tête et dit :

— Ce n'est pas possible !

Il partit d'un bon pas s'allonger dans un fauteuil où il resta songeur.

Une demi-heure plus tard, il réunit en conférence restreinte ses officiers et sous-officiers. Retenant un sourire satisfait et soulagé, il leur annonça les nouveaux statuts, les nouvelles instructions, le règlement de la journée et l'emploi du temps.

Après la conférence, il resta assis dans son bureau. Dix minutes s'étaient écoulées après le départ des conférenciers lorsqu'il appuya sur un bouton. L'aide de camp parut.

— Faites-moi préparer une voiture.

— A vos ordres, mon capitaine.

Mountsaka demeura encore un moment à cette même place, les yeux sur la table du bureau. Il avait l'air de rêver. La sonnerie du téléphone le sortit de cette torpeur. Il écouta, dit :

— Bon, qu'il m'attende.

Il se leva, s'arrêta devant une haute glace. Il s'y regarda, ajusta sa tenue et sortit.

Le chauffeur se tenait en bas des escaliers. Quand Mountsaka fut assis dans l'automobile, dont le chauffeur s'était hâté de lui ouvrir la porte, son aide de camp arriva avec une serviette. Il la tendit au capitaine qui lui fit signe de la poser sur la banquette. La portière n'était pas refermée que le chauffeur avait pris sa place au volant.

L'automobile démarra.

La nuit était tombée, tout à coup, sans que les gens y prissent garde, comme un couperet. Leurs voix résonnaient, s'interrompant mutuellement dans l'air glacé du soir. La joie la plus insensée avait tenu la ville éveillée pendant longtemps. Lorsque, tard dans la nuit, elle s'endormit, un calme étrange régna. Il semblait que les gens qui, la journée, avaient tant crié dans les rues, se cachaient dans les maisons et réfléchissaient en silence à l'extraordinaire journée qui allait poindre à l'horizon.

Ils s'étaient couchés en ignorant sous quel régime ils allaient se réveiller le lendemain.

Cependant, la nuit était longue, difficile pour les syndicalistes, les officiers de l'armée congolaise et pour quelques hommes politiques en qui s'incarnait alors le pouvoir dans la capitale. Tous les responsables absents de Brazzaville pendant les trois jours étaient revenus les uns après les autres le soir même du 15 Août, à une cadence de plus en plus rapide, si bien qu'avant l'aube du jour suivant, il ne resta plus personne en dehors de la capitale. Compte tenu de la situation politique qui réclamait dans l'immédiat une garantie d'ordre, ils établirent un comité de crise.

A l'issue d'une longue et interminable discussion, ils prirent une position sur la situation du pays et sur la remise en marche de la vie officielle, ce qui leur paraissait urgent. Leur tâche principale était alors de savoir comment organiser le pouvoir qui était là, entre leurs mains.

— Qui allons-nous mettre au gouvernement ? demanda quelqu'un.

— Il faut y mettre les syndicalistes.

— Pas question, trancha le président du Comité. Pour ne pas casser le mouvement, ils ne doivent pas y entrer. On risque de heurter l'opinion publique... Sinon que diront les gens ?... Les syndicalistes ont organisé la grève pour s'emparer du pouvoir. Voilà ce qu'ils diront...

Pour la première fois de sa vie, il jouait le grand jeu.

— Non, je ne suis pas d'accord.

Et encore, après un moment.

— Non, je réfléchis... S'ils doivent participer au nouveau gouvernement, qu'ils soient très peu. Deux ou trois, pas plus.

Il était parvenu à convaincre ses camarades.

— Il serait néanmoins nécessaire d'y faire entrer quelques étudiants ou universitaires.

— Rien de plus facile, accepta le président.

— Il faut dresser la liste.

— Je suis contre, fit un autre. Ce n'est pas une bonne tactique.

— Eh quoi ! Il faut quand même décider quelque chose, dit Camille ennuyé.

— Il faut d'abord trouver un chef de gouvernement.

— C'est parfait ! dit le président. Il faut d'abord le trouver... trouver un chef de gouvernement ayant une expérience politique, un passé qui donne confiance.

— Alors on ne décide rien avant ? demanda encore Camille.

— On ne peut rien décider avant d'avoir choisi un chef de gouvernement, répondirent les autres avec quelque soulagement.

— Qui allons-nous choisir ?

Ils se regardèrent hésitants. Il y eut un grand silence pendant lequel une idée germa dans la tête de quelques-uns. Cette pensée profonde mit tout le monde d'accord.

— Il n'y a même pas quatre jours, un gouvernement était en place, voilà maintenant que tout a basculé. Il n'y a plus rien, pas de gouvernement, pas de président, rien.

— En effet, soupira l'officier.

Cela n'intéressait pas tellement le capitaine. Il préférait entendre le moins souvent possible parler de gouvernement. Ce qu'il aurait voulu savoir, c'était plutôt quelle serait la mission précise qui lui serait confiée par le Comité, une fois le pouvoir revenu aux civils. Il tenta d'aiguiller la conversation.

— Ne pourriez-vous pas, chers camarades... vous comprenez ma curiosité... Peut-être savez-vous...

Il en bégayait presque. Mais le président ne se fit pas prier pour donner des explications.

— C'est clair, affirma-t-il. La question politique essentielle étant d'assurer la stabilité du pays, il s'agit pour vous d'établir les bases solides de cette stabilité. Et tout spécialement, de mettre au point le rôle que devra jouer l'armée congolaise dans le pays.

— Le rôle qui me sera confié est en somme un rôle de chef ?

La voix du capitaine s'était empreinte de gravité et le président commença à s'inquiéter.

— Exactement.

— Un rôle, en quelque sorte, supérieur à celui que j'ai toujours eu ?

— Exactement, dit encore le président.

— Cette supériorité, pour être valable, doit se concrétiser par un grade supérieur.

Le président, cette fois, ouvrit des yeux ronds, parce qu'il ne comprenait pas où voulait en venir le capitaine. Ce dernier eut vite fait de poser le problème.

— Camarade président, dit-il toujours de la même voix grave, j'aurai une grande responsabilité à assumer dans l'armée. Il est donc nécessaire pour moi d'obtenir de la part de cette Assemblée un grade supérieur, correspondant à la fonction.

Le président fut tranquillisé. Puisque le capitaine posait un problème juste et réel, il ne voyait pas pourquoi l'ensemble des membres du Comité lui refuserait le grade de commandant, Chef d'état-major de l'Armée congolaise.

Il demanda :

— Le Comité est-il compétent à ce sujet ?

— Seul compétent pour le moment.

— Camarade Mountsaka, vous aurez le grade de commandant, et serez le Chef d'état-major de notre armée dès le nouveau gouvernement formé. Vous avez l'assurance de tous les membres du Comité ici présents.

— C'est ainsi, en effet, que je concevais les choses, dit l'officier, adoptant brusquement un ton très assuré.

Prenant sur sa chaise une attitude plus désinvolte, il croisa les jambes et fourra une main dans la poche de son pantalon. Il ne pouvait remercier le syndicaliste. Il avait son rang à tenir. Cette journée marquait une sorte de couronnement dans sa carrière.

— Bien entendu, des questions annexes seront à traiter, continua le président du Comité. Et en premier lieu la question de nos rapports avec la France. Il est évident que les Français croient que ce changement fait peser un grave danger sur leurs intérêts au Congo. C'est une question qui n'est pas sans alarmer l'Élysée. Le problème sera de les rassurer. L'autre question à régler est d'être tous d'accord sur le choix d'un président provisoire, d'un homme capable d'avoir l'adhésion de tout le monde.

— Il faut proposer un nom pour régler ce problème de la présidence de la République.

— Qui pouvons-nous choisir ?

En ce jour, particulièrement mouvementé, il allait y avoir une vive discussion sur le choix du candidat à la présidence. D'ailleurs, le président du Comité tenait fermement à ce que son préféré devînt officiellement président, approuvé par la majorité des délégués. La victoire qu'ils venaient de remporter, par la démission de Youlou, ne le satisfaisait pas. Il lui fallait maintenant mettre à la tête de l'État quelqu'un de sûr que le Groupe contrôlerait et le temps venu, qu'ils renverseraient par voie parlementaire pour prendre eux-mêmes le pouvoir. Le temps de se former politiquement dans l'ombre. Il avait misé sur un cheval, il fallait qu'il allât jusqu'au bout de la course ou qu'il tombât.

Certains délégués possédaient chacun leurs candidats, mais il usa d'une habilité qui empêcha les autres d'avancer des noms.

— Quelqu'un qui a l'expérience de la vie politique de notre pays et de la politique internationale.

Il se tut, réfléchit et ajouta :

— Oui, quelqu'un qui a au moins un passé politique et qui peut donner confiance à tout le monde, à l'intérieur comme à l'extérieur du pays...

— En somme, quelqu'un qui est capable de...

— Ce n'est plus le moment d'évaluer les risques en notions quantifiables.

— Je crains que nous ne trouvions pas facilement un candidat à ce poste. Avez-vous pensé à quelqu'un pour cette lourde tâche ? demanda l'officier.

— Les événements nous pressent et nous n'avons pas le temps de tergiverser. Puisque la France nous laisse les mains libres pour agir, nous aurions tort de ne pas en profiter.

— C'est exact. Mais je ne crois pas que nous disposions dans la capitale d'un homme aussi plein d'expérience que la situation l'exige.

— Je ne partage pas votre pessimisme, fit le président en souriant.

L'officier scruta le visage de son camarade de circonstance.

— Que voulez-vous dire ?

— Avez-vous oublié l'ancien président de l'Assemblée nationale ?

— Ah ! En effet... Comment espérez-vous le motiver ou l'obliger ?

— Massamba-Débat a quelques devoirs envers le peuple. Il est certainement l'un des instituteurs qui a, tout le long de sa vie, marqué autant les Français, les enseignants que les Congolais par sa sympathie, son enthousiasme, son honnêteté, son intégrité. Il a de très solides amitiés de part et d'autre. N'est-il pas une haute figure du régime parlementaire de notre pays, un honnête homme dans toute l'acception du terme, un homme au patriotisme sans faille et à la valeur intellectuelle éprouvée ?

Vous savez très bien, chers camarades, qu'il a été écarté du gouvernement parce qu'il était toujours en opposition parlementaire avec Youlou.

L'homme, pour soutenir et défendre cette candidature, retraça l'évolution de son candidat à l'Assemblée nationale : il combattait la politique anti-sociale du gouvernement. Il dénonçait la situation du pays qui étouffait sous le poids d'une économie tirant vers l'impossible, des contradictions quotidiennes des parlementaires, des scandales dont le régime ne faisait plus que suppurer, du cynisme des collusionnaires.

Cette attitude courageuse lui valut d'être écarté de l'Assemblée et du gouvernement.

Il n'était toutefois qu'un progressiste parmi les autres, plus ardent, plus entreprenant cependant. Il constata bien vite que la classe ouvrière était le point d'appui le plus sûr pour les progressistes, et cette découverte l'amena à se ranger du côté des travailleurs. Pour ne pas être taxé d'instigateur des événements qui se profilaient à l'horizon, il décida de quitter Brazzaville et de se retirer dans son village.

C'est cela qui lui permit de créer, dans la masse, un énorme espoir. Telle avait été, sous la première République, la position tout exceptionnelle de l'ancien président de l'Assemblée nationale.

— Dans l'état actuel des choses, poursuivit le président du Comité de crise, je ne vois personne d'autre qui peut diriger la situation du Congo que Massamba-Débat.

Il se tut, épia la salle. L'opinion générale semblait favorable à sa proposition. Il reprit :

— Si tout le monde est d'accord, je propose Massamba-Débat comme président du gouvernement provisoire.

La salle applaudit.

Les membres du Comité se mirent d'accord. Ils considérèrent en effet que la désignation de Massamba-Débat comme chef du gouvernement provisoire n'avait d'autre but que de lui confier la mission de mettre fin à la léthargie. Ils voyaient en lui l'homme politiquement le plus capable du moment, de comprendre et de mettre à exécution la volonté du peuple. Il constituait également comme un point de repère moral dans le désordre des faits et des idées qui devait fatalement se produire.

— Bien... la candidature de l'ancien président de l'Assemblée nationale est d'ores et déjà acceptée par le Comité. Par ailleurs, les autorités françaises verront également sa nomination d'un œil favorable.

Il marqua un temps d'arrêt, puis continua :

— Maintenant que la question est réglée, il faut aller

le convaincre à Boko où il se trouve en ce moment et le ramener ici.

— Le ramener ? demanda l'officier.

— Oui... Massamba-Débat a bien des qualités, mais ce n'est pas un homme qui se laisse facilement convaincre. Aucune pression ne pourra le conduire à accepter... Je veux dire... directement. Comme il faut aller le chercher, nous avons des gens pour cela.

— Votre idée me semble judicieuse... Mais pour le convaincre !

— J'ai réfléchi à la question. Il a quelque intérêt direct au développement du pays. A vous de trouver les bons arguments.

— Moi ? fit l'officier.

— Oui, vous. Si vous pouvez envoyer tout de suite à Boko deux ou trois de vos meilleurs soldats, ça nous fera gagner du temps.

Il y avait une urgence dont on ne pouvait confier le secret à un quelconque agent. Il fallait un homme sûr, au courant de ce qui se passait pour lui expliquer la situation.

Le président du Comité eut vite fait de s'approcher de lui :

— Monsieur le « président », permettez-moi de vous appeler camarade, lui dit-il, vous avez la responsabilité de choisir un homme capable de remplir cette mission et pour nous ramener le président Massamba-Débat dans les meilleurs délais. Ils doivent être de retour avant l'aube.

— Je crois qu'il est inutile que je vous donne mon accord ?

— Inutile, en effet. Les autres membres du Comité sont du même avis... bien que j'eusse préféré ne pas vous forcer la main... et d'ailleurs, le temps presse, nous n'avons pas le choix.

L'officier poussa un grand soupir.

— Bon, si c'est ainsi, j'accepte de confier cette mission à un de mes meilleurs éléments.

Il téléphona aussitôt à l'état-major. Il n'attendit pas longtemps. L'adjudant et ses deux sergents étaient là. Une fois les recommandations assimilées, l'un des sergents prit le volant. Le deuxième prit place à côté de lui, les fusils entre les jambes. L'adjudant se mit derrière. Le chauffeur démarra. Le véhicule grinça, décolla de l'ornière d'un seul coup et s'enfonça dans la nuit.

Ils roulèrent un moment, sans rien dire, écoutant le bruit continu du moteur.

— Vous êtes sûr du président, mon adjudant ? demanda le chauffeur qui ne quittait pas des yeux la route. Vous croyez qu'il acceptera.

Derrière, le sous-officier parut stupéfait.

— Bien entendu, dit-il en fixant son subordonné à la nuque. C'est tout de même un poste de président qu'on lui offre !

— En effet, mon adjudant, répondit le sergent aussitôt convaincu.

Ils se turent ; seul, le moteur ronflait. Le véhicule roula plus d'une heure avant d'arriver au village. La nuit, épaisse, étalait sa grande draperie d'ombre qui semblait comme un voile tombant d'un mât. Rien ne trahissait la vie. Tout dormait. Nul bruit n'en troublait le profond silence.

— Avancez doucement, fit l'adjudant au chauffeur en poussant un soupir. Ne réveillez pas le village.

Quelques minutes plus tard, le faisceau des phares erra en tremblant sur une maison.

— Arrêtez le moteur. Je crois bien qu'on y est, annonça l'adjudant, élevant légèrement la voix.

Quand le chauffeur eut retiré de la pédale son pied engourdi, l'adjudant ajouta de sa voix naturelle, au milieu d'un silence qui faisait mal aux oreilles :

— Voilà la maison du président Massamba-Débat.

*
* *

Le visiteur de la nuit frappa à la porte. Ils restèrent là tous les trois, silencieux et inertes, sans aucune pensée, portant sur cette porte close un regard vague. L'adjudant demeura un moment en attente.

— N'ayez pas peur, c'est nous. Ouvrez.

On n'entendait toujours rien.

La maison à cette heure avait un large avantage, enveloppée qu'elle était dans le silence du village si favorable aux manœuvres de l'esprit. Dans la journée, l'ancien président de l'Assemblée distribuait son temps entre les villageois. Cette heure de la nuit lui était sans aucun doute la plus réconfortante, la plus paisible de la journée pour lui-même.

Le sous-officier hocha la tête, en homme qui comprenait.

Il frappa de nouveau ; une, deux et trois fois, de plus en plus fort. Son regard prenait maintenant une expression attentive, presque impatiente.

L'écho des coups répétés à la porte ébranla le silence de la maison, du village et du monde.

— Qui est-ce ?

L'ancien président de l'Assemblée se réveilla, se redressa d'un trait et alluma. Intrigué, il prêta attentivement l'oreille.

« On a frappé à la porte ! »

Il tourna un visage médusé vers sa femme qui, redressée sur les coudes, semblait partager son incrédulité.

Il écouta. Il écouta encore.

« Sûrement c'était cela ! Aucune erreur possible, c'est cela ! »

Figés l'un en face de l'autre, ils gardèrent un instant le silence. Ils se dévisagèrent longuement, sans proférer la moindre parole, tendant l'oreille. Leur ouïe prenait une acuité tout à fait anormale. Ils entendaient maintenant les coups qui redoublaient comme si on avait frappé la porte à la hache. Il n'y avait pas d'intervalle entre chaque coup.

L'adjudant n'avait pourtant pas frappé longtemps, mais l'angoisse avait, à l'intérieur, étiré les coups dans un temps éternel.

Le président fixa la porte de la chambre et murmura :

— C'est à la porte d'entrée qu'on frappe !

Sa femme était restée appuyée sur ses coudes. Le bruit crissant des sauterelles de son rêve chantait encore dans ses oreilles. Elle frissonna et dit doucement :

— Qui ça peut bien être à cette heure de la nuit ?

Il tourna la tête et vit que les yeux anxieux de sa

femme étaient fixés sur son visage. Une boule énorme brûlante lui monta dans la gorge, il dit seulement :

— Ah ! çà, ah ! çà.

Il hésita, les coups redoublèrent.

— Je vais quand même voir ce que c'est.

— N'y va pas.

Son regard saisit un instant celui de sa femme. Il rejeta la couverture.

— Il faut que j'y aille quand même. Peut-être que quelqu'un a besoin d'aide. Je dois savoir.

Elle se tut, hésita puis appuya, pensive, son front sur ses bras.

— Peut-être que tu as raison. Si tu... S'il t'arrive quelque chose...

Sa voix était angoissée.

Il jeta un coup d'œil sur sa femme. Il vit ses lèvres qui tremblaient légèrement. Une tristesse lui serrait la gorge. Il ne répondit pas tout de suite.

— Tranquillise-toi !

Elle sembla soucieuse.

— C'est facile à dire, dit-elle presque en chuchotant d'une voix tourmentée, mais j'ai peur pour toi, pour nous. Fais très attention.

Gagné par l'émotion de sa femme, il sentit une chaleur parcourir son corps. Il n'osa plus la regarder. Il rêva un instant, rien qu'un instant et son cœur se mit à battre à un rythme accéléré.

— Oui.

Il sauta à bas du lit, ramena la couverture sur sa femme.

Lorsqu'il franchit la porte de la chambre, derrière lui la voix familière de sa femme s'éleva :

— Qui ça peut bien être ?

Il se retourna. Son cœur frémit brusquement. Un instinct lui disait que de mauvaises nouvelles arrivaient.

— Je n'en ai aucune idée.

Il s'approcha de la porte d'entrée, s'arrêta avant d'ouvrir. Il prêta de nouveau l'oreille. Il voulait d'abord entendre une voix quelconque connue.

— Qui est là ? demanda-t-il d'une voix rude.

Sa femme qui était toujours restée appuyée sur ses coudes ne put résister à la tentation. Elle aussi sortit du lit. Elle se précipita au salon où elle resta.

— C'est nous, ouvrez, répondit la voix à l'extérieur. Nous devons vous parler tout de suite.

« Qui donc peut-il être ? » se dit tout bas le président.

Il savait que les événements, qui tenaient les hommes politiques en état d'alerte perpétuel, étaient particulièrement graves. Et il craignait que la situation ait mal tourné pour les syndicalistes et que l'un d'entre eux n'ait été contraint de venir lui demander de l'aide.

Une angoisse de plus en plus violente lui serrait le cœur. Qui cela pouvait-il être ? Que voulait dire cette visite inaccoutumée ?

— Vous qui ? fit-il enfin.

— Une délégation de l'armée congolaise.

Il eut un geste de recul. Son cœur se glaça soudain, et il sentit ses entrailles se fondre. Il regarda la porte d'un air étrange.

— Une quoi ?

Une peur brutale souleva la poitrine de sa femme. Son cœur battait dans sa poitrine avec un bruit effrayant. Le souffle coupé, elle sauta sur ses pieds en renversant la chaise sur laquelle elle était assise. La panique creusa son visage.

— Une délégation de l'armée congolaise, répéta la voix.

— Une délégation, dites-vous !

Il le dit en collant l'oreille à la porte pour bien distinguer la voix.

— Oui...

Dans la seconde d'après, la porte fut entrebâillée, et dans cet entrebâillement, on vit s'encadrer une tête à moitié endormie. Il n'y eut plus à en douter quand d'un trait la porte s'ouvrit toute grande et qu'on vit par-delà l'ancien président de l'Assemblée.

— Monsieur le président ! fit une voix qui n'eut pas plutôt frappé son oreille qu'il crut la reconnaître.

Le président redressa la tête et vit trois hommes émerger de l'ombre qui noyait le pourtour profond de la maison, et s'avancer au bord du cercle lumineux tracé par la lampe dans l'encadrement de la porte.

— Mais... que désirez-vous ? dit-il en reprenant ses esprits.

Déjà, le sous-officier se tenait devant lui en usant de toute formule de bienséance.

Le président le dévisagea de ses yeux brûlés par le sommeil. S'étant rattrapé du reste, et sûr de lui-même comme un homme qui venait de se mordre la langue pour ne pas laisser échapper un cri de surprise, il eut cependant la petite faiblesse de dire :

— Ah ! c'est vous... C'est vous, ah !...

Il s'en tenait à ces trois syllabes et même il eût semblé que la surprise lui logeait un bafouillage dans la bouche.

— Entrez donc...

Le président referma posément la porte. Le sous-officier considéra avec un sourire de bienheureuse affection son ancien président de l'Assemblée, et le costume de son président, cette veste de pyjama rayée de vert et de jaune, ouverte sur un maillot de corps en coton de couleur blanche, ce pantalon de pyjama non moins glorieux, mal fermé sur un caleçon non moins mal fermé.

Le président se sentit gêné en considérant sa tenue.

— Il faudra m'excuser si tout n'est pas aussi ordonné. Vous n'ignorez sans doute pas qu'il est tard et que nous dormions depuis fort longtemps.

Ils le tranquillisèrent.

— Nous n'ignorons pas qu'il est tard, Monsieur le président. Excusez-nous de vous tirer brutalement du lit.

— Ça ne fait rien... Asseyez-vous.

Sa femme sourit de façon rassurante :

— Ah ! c'était donc vous ?

— Oui, Madame.

Elle les salua.

— Bon, je vous laisse.

Elle disparut dans la chambre à coucher.

Le président commença de remettre un certain ordre dans sa vêture repassant les boutons dans leurs boutonnières.

— Excusez-moi, dit-il.

Il renifla et s'en alla tout d'un trait dans la chambre à coucher. Lorsqu'il réapparut, il enfilait les manches de sa robe de chambre, en nouant sur son ventre la cordelière, en remonta le col. Il toussota et d'un mouvement pour un peu désinvolte, il saisit une chaise qu'il approcha en face de ses visiteurs.

— Voilà, je suis à vous.

Sur son visage, un charmant sourire s'ouvrit.

*
* *

Il faisait très froid. Un vent léger soufflait au dehors.

— A certaines heures, ce coin est vraiment magnifique, dit le sous-officier.

— Oui, répondit le président d'une voix douce.

L'ancien président de l'Assemblée était revenu à Boko depuis quelques jours seulement. Il aimait revenir dans ce village d'où il était originaire et comptait de solides amitiés. Loin de Brazzaville et des inquiétudes qui avaient émaillé les dernières semaines de sa vie citadine, il se sentait plus à son aise et fort capable de se refaire une vertu. C'était maintenant, pour lui, la vie de famille. Depuis longtemps, il ne s'était trouvé avec les siens.

— Vous m'avez fait peur, avoua-t-il en se levant.

— Excusez-nous...

Il alla dans la cuisine et en revint avec une calebasse de vin de palme et des verres. Et tout en parlant, il les servit.

— Qu'est-ce qu'il y a, à cette heure, de très urgent ?

L'adjudant, avec difficulté, fixa d'abord les yeux sur ceux du président. Puis il prit son verre avec une certaine avidité. Le visage sombre du président s'adoucit alors soudain en ce qui aurait pu être une ébauche de sourire. De son geste caractéristique, il fronça les sourcils.

— Vous avez du bon NTSAMBA, dit le sous-officier après avoir avalé quelques gorgées. Et il se mit à rire.

Un large sourire s'épanouit sur le visage du président et deux rangées de dents blanches, magnifiques, illuminèrent sa figure volontaire. Il dit :

— Certainement... Le meilleur de toute la contrée.

Il le dit avec l'humour qui lui était propre. Rien donc n'avait altéré l'éclat et l'emploi féroces de sa plaisanterie habituelle.

— Vous ne buvez pas...

— Si vous permettez, dit le président, et il se servit un peu, rien qu'une goutte. Tout juste pour vous accompagner.

Puis, après une pause, il dit :

— Vous comprenez que je dois vous poser des questions sur l'objet de votre visite ?

— Oui.

Le président se retourna légèrement sur sa chaise, de sorte qu'il faisait face à l'adjudant. Il ignora les deux autres, tenant pour convenu que le sous-officier pouvait parler en leurs noms. Ses paupières battirent un moment sur ses yeux. Il se mit à poser des questions d'une voix basse, sans expression, comme si c'était une routine.

— Nous sommes venus ici parce que...

Le sous-officier s'arrêta. Il garda quelques instants le silence pour s'habituer à la lumière de la lampe, puis :

— Voilà, reprit-il. Nous sommes venus vous chercher.

Le président sentit brusquement un flot de sueur lui parcourir la colonne vertébrale.

— Vous venez me...

— C'est bien ça, Monsieur le président.

— Qu'est-ce qui se passe à Brazza ?

— Beaucoup de choses, Monsieur le président... beaucoup de choses. Mais avant tout, je vous apprends qu'on vous y attend.

— Moi ?

— Oui, Monsieur le président.

Un silence suivit. Un temps d'arrêt était nécessaire dans la discussion. Puis il enchaîna :

— Qui m'attend ?

Avant d'ajouter :

— Qui vous envoie ?

Sans hésiter une seconde, il lui répondit :

— C'est de cette question que nous sommes venus vous entretenir, Monsieur le président. Si vous le voulez bien.

Je me permettrai de vous résumer le problème en deux phrases. Vous êtes l'homme sur lequel le peuple a les yeux fixés. Il vous attend... Et le Comité de crise nous a chargés de vous ramener dans la capitale.

Le président considéra les soldats, vaguement inquiet.

— ... Hum !...

Le sous-officier dit vivement :

— Oh ! Rassurez-vous, Monsieur le président... C'est le peuple qui a besoin de vous. Le chef d'État a démissionné. Le pays est sans direction en ce moment, alors on compte sur vous. L'armée congolaise que le capitaine Mountsaka représente a été chargée par le Comité d'assurer provisoirement l'ordre en attendant un nouveau gouvernement et un nouveau chef de l'État, c'est-à-dire vous, Monsieur le président.

Le sous-officier raconta rapidement tout ce qui s'était passé, sans commentaire. A mesure que les étapes des événements se succédaient, l'ancien président de l'Assemblée qui écoutait attentivement, hochait la tête pour bien montrer qu'il suivait très bien son récit. Il sortit un petit carnet de la poche de sa chemise de nuit et se mit à le feuilleter. L'autre s'arrêta avec l'impression qu'il ne l'écoutait plus bien. Mais le président dit tout de suite et sans même relever la tête sur lui :

— Non, non, allez-y, continuez, je vous prie.

Pourtant, il leva à plusieurs reprises les yeux de son carnet pour regarder vers le sous-officier. Il ne dit rien.

Il referma le carnet et, au lieu de le remettre dans sa poche, le posa près de lui sur la table, la main dessus. Il leva carrément la tête et regarda le sous-officier, qui parlait toujours, en plein dans les yeux.

Ce regard, tout d'un coup, était tout autre chose. On dirait qu'il avait accumulé de la force pendant qu'il s'était baissé. Le sous-officier se sentit approuvé, mieux écouté. Cette façon au fond d'écouter aussi avec les yeux le mit à l'aise. Il sentit pourtant que ces deux yeux, droit devant les siens, tout clairs, pourraient aussi bien, au contraire, accuser, creuser, chercher quelque chose, qu'on aurait oublié ou caché. Il y regarda à deux fois. Non. Ici, ils approuvaient. Il y avait même un petit signe de la tête qui le confirmait, comme si l'ancien président de l'Assemblée avait deviné sa pensée. Alors il continua plus facilement, vit plus clair, et finit en quelques mots.

Le président se mit à tapoter la table et répéta :

— Oui, oui, oui.

— Voilà, Monsieur le président, conclut le sous-officier.

— Oui, Oui... répétait le président.

Le sous-officier leva son verre. Puis il étreignit d'un regard circulaire, tous ceux qui formaient autour de la table, une si magnifique ceinture. Le récit qu'il venait de faire avec brio, le fit réfléchir quelques secondes.

— Maintenant, ajouta-t-il en replaçant son verre devant lui avec une mélancolie étonnante pour un tel soldat, vous savez tout. Et cette nuit, le Comité de crise s'est prononcé à l'unanimité pour que vous soyez le président du gouvernement provisoire.

Le président observa un long silence, acquiesça de la tête et s'absorba dans ses pensées. Il semblait chercher les meilleures solutions à la situation dans laquelle il était impliqué malgré lui. En fait, il prit le temps voulu pour se bien pénétrer de ses paroles.

— Eh bien ! dit-il enfin. Pourquoi moi ?

— Parce que... vous êtes le seul qui pouvez occuper cette fonction. Et tout le monde est d'accord là dessus.

— Quoi ! Moi !... De toutes façons ?

Il prit tout à coup conscience par ces trois paroles qu'il venait de prononcer que c'était, en effet, à lui d'abord que se posait la question et que, par le fait qu'il était homme politique, il allait être de son devoir de le résoudre.

Il hésita de nouveau, puis il se tut, semblant réfléchir. Il n'avait plus l'air inquiet du tout. Il garda le silence pendant quelques secondes. Il dit enfin d'une voix rauque :

— Que dois-je faire ?

— Venir avec nous Monsieur le président, articula avec lenteur le sous-officier.

Autour d'eux, les autres se taisaient.

Le sous-officier s'était renversé en arrière sur la chaise et contemplait le plafond. Eclairé par la lampe, son visage détendu et confiant ressemblait à un visage d'enfant.

— Monsieur, mon cher Monsieur Kikadidi, dit le président.

— Monsieur le président, répondit l'adjudant en se redressant.

C'étaient là paroles sans aucun sens, prononcées seulement pour meubler le silence et pour manifester la réciproque amitié.

— Que pensez-vous de cette grève ? demanda-t-il brusquement à l'adjudant.

L'autre baissa la tête. Dans son regard, il sembla conserver un instant de la pureté du plafond. Il réfléchit un long moment, puis il déclara lentement :

— C'est une très grande chose que cette grève.

La phrase était trop vague, si vague qu'elle ne semblait rien devoir expliquer. Mais le président comprit au visage de l'adjudant que des phrases ne suffisaient pas à faire comprendre le déroulement de la grève.

— Voyez-vous, Monsieur le président, avant de prendre position, nous ne savions pas ce que voulait le peuple.

Le visage de l'adjudant était devenu étonnamment sérieux. Il appuya ses deux coudes sur la table, regardant fixement le président.

— On ne pouvait s'en faire une idée au début. Parce qu'on se figurait que les syndicalistes étaient des gens qui ne cherchaient qu'à prendre le pouvoir.

Une moue méprisante se dessina sur son visage.

— Et tous ces gens, continua-t-il, nous ne les prenions pas au sérieux.

— C'est pourtant sur eux que nous devons compter, dit le président.

— Bien sûr, ce sont eux qui mènent les opérations, qui ont la situation en main. De toutes façons, l'armée, sous le commandement du capitaine, a apporté son appui aux travailleurs en grève. Je précise que c'est un appui sans réserve se mêlant à eux et dénonçant vigoureusement le régime. Parce que si cette grève a éclaté et a pris cette importance que nous lui connaissons aujourd'hui, c'est que le gouvernement n'a pas su, ou voulu résoudre un malaise social qui existe.

— C'est une position dangereuse que vous avez prise là.

— Non, Monsieur le président. Comprenez-nous bien. Il nous fallait être avec le peuple. Il y avait un choix à faire, nous avons choisi. Ces événements ont donné naissance à une vraie armée congolaise. Maintenant, nous savons le rôle de l'armée pour « l'après Youlou ». Tous nos soldats sauront travailler dans ce sens.

Le visage de l'adjudant avait perdu son aspect enfantin. Les mâchoires s'étaient durcies, le regard devenait ardent. Pas un mot plus haut que l'autre. Il parlait subitement avec une précision dont il n'avait pas fait preuve depuis qu'il était en face de l'ancien président de l'Assemblée nationale.

— Hum !...

Il y eut encore un moment de silence. Tout en se remémorant l'histoire de la proposition qu'on lui faisait, le président jetait de temps à autre un coup d'œil sur l'adjudant. Puis :

— Le Comité de crise m'attend pour quand ?

— On nous attend à Brazza avant l'aube.

Il parla d'une voix vibrante qu'on sentait capable de remplir une caserne de son commandement. Il sourit, et fit claquer sa langue après avoir vidé son verre de vin blanchâtre.

Le temps passa plus vite qu'ils ne le pensaient. Le président regarda la pendule accrochée au mur.

— Il va falloir se dépêcher maintenant, dit l'adjudant.

Le président resta la bouche ouverte, la referma, l'ouvrit de nouveau pour une ultime question puis hésita et se tut. Doucement, il recula jusqu'au fond de son siège, s'y enfonça le plus possible. Il parut perplexe et ce ne fut qu'une seconde. Il avait ouvert de grands yeux qu'il plissa soudain très fort à plusieurs reprises.

Un silence s'ouvrit comme dans le moment le plus haut d'une tragédie, quand les acteurs se tiennent sur la marge définitive du destin, dont rien ne suspend le cours.

Le président songeait à ses tournées de visite dans les villages avoisinants. La campagne y était luxuriante, sur les hauteurs. Malgré l'acharnement des paysans à déboiser les vallons et à débiter les arbres en bois nécessaire à la cuisson de leur nourriture.

Très souvent, tôt le matin après un bon petit déjeuner, il prenait sa canne et sortait de la maison. Il suffisait de quelques minutes pour se trouver dans un autre monde. A grands pas, il longeait les chemins à travers champs où une nappe de brume étincelait à perte de vue sous les rayons de soleil.

Le brouillard enveloppait non seulement la terre, mais aussi les cimes des arbres. Le monde des fougères émergeait de la surface, dédoublé par le miroir de la rosée et étalait, sous le vent frais du matin, sa verdure serrée autour des forêts. Elles apparaissaient comme de petits êtres fantomatiques, aux triples bras et aux multiples jambes, que le vent léger faisait bouger.

Ces étendues, c'étaient des paysages amis, où il se sentait vivre pleinement. Il s'était établi une sorte d'intimité entre le marcheur solitaire et la nature. Lorsqu'il arrivait au bord de l'eau, il s'arrêtait émerveillé. L'air avait un parfum merveilleux. Le ruisseau bordé d'arbres serpentait entre les prés. C'était une oasis solitaire que caressait l'air vif du matin.

Il laissait passer du temps pour le plaisir de contempler les arbres et leur miroir, laisser la nature l'imprégner. Et par osmose, la nature s'introduisait en lui. Puis il se ressaisissait, traversait le cours d'eau et arrivait dans le village voisin. Il restait discuter un peu et repartait pour un autre plus loin. Non, il n'était pas en campagne politique. Une simple visite d'amitié avec les villageois. Il profitait de l'occasion.

Lorsque le couchant descendait sur les champs et que l'ombre dense des arbres avait absorbé les ultimes lueurs du crépuscule, alors il rentrait avec son cortège de souvenirs. Il bavardait avec sa femme, lui racontant sa journée et ses rencontres. Cependant, Boko s'apaisait dans le soir radieux du jour. Les prés qui cernaient le village envoyaient dans les chemins le parfum du thym. Le bruit des habitants s'arrêtait. Puis un lourd silence tombait sur les champs, sur les maisons, sur les enclos. C'était la grande paix, après les luttes de la journée. Seules les chauves-souris semblaient vivre et commençaient leur ronde capricieuse, à la recherche de menu gibier.

Il aimait cette contrée et faisait de ce lien vivant avec la région une véritable vocation. Il appelait la sympathie avec sa manière de parler, familière, lente, dans un demi-sourire qui éclairait son visage. De lui, on attendait toujours une plaisanterie, et c'était peut-être là que résidait son charme.

Son silence, c'était plutôt une certaine tristesse que de la pudeur. Il lui faudrait remettre ça, sans trop tarder, quitter son village. Il abandonnerait ce bout de jardin qu'il adorait cultiver.

Il sortit de son rêve pour estimer que les circonstances lui donnaient le droit, et même le devoir, d'accepter sa désignation et d'agir sans délai.

— Eh bien, tout ça me semble bien ! dit-il d'une voix très basse.

Comme dans un soupir de soulagement, se redressant en glissant sur sa cuisse la main qui tenait toujours le carnet, il ajouta :

— Quand on a pris ses distances avec la politique, ce n'est jamais facile de revenir, mais...

Là, il s'arrêta et ne put s'empêcher de glisser un œil vers l'adjudant. C'était malgré lui, il reprit tout de suite :

— Mais vous avez l'air quand même convaincant... Et puis, c'est vrai que c'est une grande, une très grande responsabilité que nous avons là à assumer. Tous, on s'est laissé prendre un peu de court, tous. Il nous faudra beaucoup de courage et de perspicacité. Ce qu'il y a, c'est que notre pays est devenu depuis hier après-midi le banc d'essai d'un avenir qui nous dépasse mille fois, d'une importance mondiale. Bon, on aura l'occasion d'en reparler. Ce n'est pas ici, maintenant, qu'on va tout régler. Mais si on ne l'a peut-être pas assez pensé à l'avance, il le faut maintenant. Surtout ne plus le perdre de vue une seconde. Et pour tout de suite, rendons-nous à Brazzaville où l'on nous attend.

Il se redressa, souffla, frotta ses yeux.

— Bien, dit-il en fourrant son carnet dans la poche.

Attendez-moi un instant. Je vais me préparer et m'entretenir avec mon épouse ; après je serai à vous.

— Oui, Monsieur le président.

La voix de l'adjudant était régulière, respectueuse.

Le président se leva et disparut dans la chambre à coucher.

— Tu sais, dit-il lorsqu'il se trouva en face de sa femme. Je connais ta position là-dessus. Mais je ne prétends pas qu'en fonction de la situation actuelle j'ai raison d'accepter la candidature qui m'est proposée, et le mandat qui m'est échu. Les choses ne sont pas si simples. A ma place tu en ferais autant. Si l'on t'installait à la présidence de la République, je ne suis pas sûr que tu te montrerais déconfite. Je suis même sûr du contraire.

Elle fit un geste expressif.

— Je te comprends... A ton âge, la retraite est une trop longue vacance. C'est agir qui fait vivre.

Il répliqua :

— Pour les uns, c'est servir.

— La fonction de président de la République implique une lourde responsabilité dont l'idée n'imbibe pas toujours les méninges de beaucoup des collaborateurs.

— Si le gouvernement que je constituerai glissait au discrédit, ce serait par le fait d'un manque de sérieux et de solidarité civique, de la part justement de mes collaborateurs.

Ils parlaient l'un et l'autre sans reproche. Ils étaient dans le même temps, par le cœur et par l'esprit, si proches l'un de l'autre que le mouvement de l'affection ne pouvait pas manquer de revenir à la surface. La femme posa sa main sur le poignet de son mari et lui dit :

— Tu connaîtras des nuits blanches.

Il parut à ce moment au président que le ton manquait d'assurance, mais il dit seulement :

— Je le sais.

Elle dit pensivement :

— Qu'est-ce que je deviens dans tout cela ?

Il sourit d'une façon qui voulait être rassurante. Il lui prit la main, la caressa et dit :

— La femme la plus adorable que j'aie jamais connue.

Et si tu regrettes de m'avoir épousé, je vais te tirer les oreilles.

Ses yeux soutinrent son regard. Ils étaient très calmes. Il vit sur son visage bien des choses qu'elle n'avait pas su mettre dans ses paroles. Un petit sourire joua rapidement sur ses lèvres. Elle dit :

— J'espère que tout ira pour le mieux.

Elle paraissait troublée, mais dans ses yeux brillait une lueur qui lui donna à penser qu'il devrait toujours compter sur elle, quoi qu'il arrive.

Ils étaient là, debout, se regardant l'un l'autre. Elle attendait qu'il dise quelque chose mais il ne le disait pas. Se trouvant à court de mots, il fit ce qu'il y avait le mieux à faire : il prit sa main et passa son bras autour d'elle. Il sentit les doigts tremblants de sa femme. Il laissa tomber sa main, soupira et dit :

— Je l'espère moi aussi.

La femme eut un pâle sourire et baissa la tête. Elle prit entre les siennes ses mains.

— Je tiens à toi, tu sais.

— Je le sais.

Elle leva les yeux pour rencontrer de nouveau les siens, mais son regard à elle, cette fois-ci, mesurait toute la route parcourue ensemble avec l'homme en complet gris, debout devant elle.

De nouveau, elle baissa la tête et dit :

— Oh !...

Le président reprit d'un ton de reproche :

— Tu ne devrais pas te chagriner, mais te réjouir.

— Est-ce que j'ai dit quelque chose ? répéta-t-elle... Je ne t'empêche pas...

— Merci.

Il l'embrassa et quitta la chambre.

— Je suis prêt, dit-il lorsqu'il revint près des soldats.

Quand il monta dans le véhicule, le président se glissa aussitôt au fond du siège.

La nuit était compacte. Il y manquait la lune pour éclairer la route. Le paysage prenait l'air d'un monde fermé, fini.

— Pas moyen d'avancer comme il faut. Avec ce ciel

bouché, on ne peut pas rouler plus vite, dit le chauffeur, cramponné au volant du véhicule qui avançait entre des rangées interminables de hautes herbes comme dans un couloir.

Ils traversèrent plusieurs villages endormis, noyés dans un silence absolu, semés çà et là qui, dans cette obscurité, avaient d'étranges physionomies et donnaient l'illusion qu'ils étaient au bout du monde.

Les paroles échangées étaient rares. A l'arrière, le président pesait ses responsabilités de diriger le pays.

Les faisceaux des deux phares du véhicule projetés dans l'obscurité rayaient le ciel, palpaient la route avec circonspection. Ils faisaient ramper sur les ténèbres qui noyaient la nef et les bas-côtés une lueur fantôme plutôt qu'une lumière. De loin, il fallait deviner ces faisceaux. Ils passaient dans le noir comme un soupçon, une nuance plus claire de nuit. Mais à cette filtration de clarté incertaine, il était possible de voir le paysage douteusement et confusément.

Lorsque, peu à peu, le chauffeur s'habitua à cette lumière, il appuya progressivement sur l'accélérateur comme un forcené.

— Eh ! fit le sergent qui occupait le siège près du chauffeur, tu n'es pas fou ? Tu vas nous vider dans le premier ravin !...

Le chauffeur, les mains toujours crispées sur son volant, le corps penché en avant, scrutant la route avec attention, rétorqua :

— Nous devons arriver à Brazza avant l'aube, as-tu oublié ?

L'adjudant et le président assis sur la banquette arrière, cueillirent ces mots dans le vent et se regardèrent avec un léger sourire. Le premier en profita pour engager une conversation.

L'adjudant échangea d'abord avec le président quelques idées que les événements de la capitale, les détails du paysage et quelques souvenirs des moments où ils s'étaient rencontrés autrefois avaient fait naître. Puis l'obscurité leur versa son calme, son silence. Un silence qui s'abattit sur le groupe comme une anomalie. La nuit les saisit de sa fraîcheur.

Chacun, maintenant, continuait seul sa route, sans embarras pour personne et sans que le cheminement des réflexions ait été dérangé. Le président ne savait si son compagnon de gauche somnolait dans son angle où il avait cherché une position confortable pour le reste du voyage ; mais lui, restait éveillé. Il était si habitué à la route qu'ils faisaient là et qu'il avait tant de fois faite, qu'il prenait à peine garde aux ombres extérieures, qui disparaissaient dans le mouvement de l'auto, et qui semblaient courir dans la nuit en sens opposé.

Le bruit continu du moteur, si impressionnant dans les ténèbres d'un paysage campagnard, n'était troublé par rien. On eût pu penser que ce ronronnement régulier du moteur dans la nuit avançait à la façon d'un véhicule qui ouvrait l'espace à un convoi militaire.

Mais tandis que l'espace des soldats demeurait vide à leur pensée, celui du président commençait de se peupler. Ils lui arrivaient dans l'ordre, les éléments qui allaient constituer sa journée politique, les réunions de son premier gouvernement précédant celles des réceptions, la constitution à rédiger, ses textes qu'il éplucherait attentivement, les intérêts nationaux et internationaux.

S'étant redressé avec un soin minutieux, il poussa un soupir, puis venaient les souvenirs et les considérations par rapport à sa famille. Ils auraient pu être brefs ; il les ruminait cependant depuis un moment. Ils allaient au-delà et persistaient pendant que le véhicule approchait de la capitale.

Brazzaville n'était plus qu'à quelques kilomètres. Déjà la ville s'ouvrait devant ses yeux. Il était de retour dans la capitale. Soudain, son cœur se mit à battre très fort. Il songea au jour où, comme président de l'Assemblée, il était mis à la retraite pour manque de conformisme et nommé ministre du Plan, dès la première occasion, par le président de la République, l'homme que son opposition à l'Assemblée nationale hérissait.

Il revécut le moment qui avait suivi sa démission du poste ministériel et son refus de la nomination au poste d'ambassadeur du Congo aux États-Unis. Au cours de cette période, les discours du président de la République le mettaient mal à l'aise. Quelque chose n'allait pas, car le ton avait changé. Au vrai, il les trouvait quelque peu défaitistes. Les communiqués gouvernementaux avaient beau annoncer la bonne santé de la situation du pays, chacun savait au contraire que les problèmes posés n'étaient jamais résolus. La déception se répandait à travers le pays et comme l'équipe gouvernementale ne fit rien pour renverser la vapeur, cette déception eut pour effet, de porter un coup déterminant à son prestige qui déclina, dès lors, rapidement.

La situation s'aggravait de jour en jour. Il était devenu évident que la lutte des syndicats s'intensifiait dans le pays. Les populations comprirent que la partie était jouée. Et, quant à ceux qui n'écoutaient que leurs intérêts mais gardaient l'oreille ouverte aux conseils de la prudence, ils considérèrent cette période comme le moment de mettre quelque distance entre leurs personnes et la compromission.

Lui, il jugea dès ce moment que sa présence à Brazzaville pouvait être mal interprétée par le président de la République. Mieux valait se retirer à la campagne pour attendre les événements. Il avait aussitôt quitté la ville. Il s'était alors retiré dans son village pour se soustraire volontairement à la vie politique du pays afin de vivre à l'écart, sans se mêler à l'animosité des luttes qui se développaient dans la capitale.

Le silence se prolongeait. Il alourdissait l'atmosphère du véhicule et l'on sentait le chauffeur, tendu soudain à son volant, conduire les yeux fixés devant lui, attentif à donner malgré tout confiance à la mécanique.

Après avoir parcouru la ville déserte, le chauffeur tourna à peine la tête sur le côté, sans cesser de fixer la route devant lui et cria, rompant brusquement le silence :

— Eh bien ! voilà. Nous y sommes.

Ils continuèrent leur route dans cette ville encore endormie. Le président semblait être dans un monde sans limite et sans vie, cheminant avec obsession vers une destinée inconnue.

Un petit vent frais faisait frissonner les arbres. C'était bientôt l'aube du 16 Août. Le chauffeur s'arrêta devant l'immeuble où quelques soldats montaient une garde vigilante. L'adjudant descendit le premier, suivi du président. Ils traversèrent le hall vide à ce moment et gagnèrent la salle de réunion. Tous les principaux acteurs des événements attendaient là, en bon ordre.

Le président serra les mains, puis se laissa tomber dans le fauteuil qu'on lui offrit. Tel un roi, il laissa errer son regard sur l'assistance. C'était dans cette salle où il était assis, au milieu de ces hommes soulevés par leur volonté et leur courage, que lui, naguère instituteur, président de l'Assemblée nationale, ministre du Plan, eut tout à coup en lui la certitude et la lumière que sa vie n'avait pas été vaine.

Le président du Comité, quand tout le monde fut assis, rompit le silence. Il paraissait fatigué mais parla longuement de la situation. On l'écoutait attentivement.

L'ancien président de l'Assemblée, gravement assis dans son fauteuil regardait le mur et ne disait mot. Le syndicaliste, qui avait cessé de parler, attendait de sa part une réponse, une question peut-être, mais il ne disait toujours rien. Il avait l'air de considérer ce mur. Il demeura un moment dans cette espèce de fixation physique où la pensée cesse d'exister. On est là et on n'est nulle part. Enfin il le fixa en poussant un grand soupir. Le syndicaliste se vit obligé de redire :

— Voilà... Nous vous avons choisi pour être le chef de l'État... Monsieur le président, à partir de maintenant, il vous appartient de prendre toutes les mesures que commande la situation.

Il prononça ces paroles sur un ton différent si bien qu'elles avaient l'air de sortir de sa bouche comme une mélodie.

La salle était retombée dans le silence. Seul le bruit des automobiles roulant dans la ville qui se réveillait, rampait autour du bâtiment silencieux et se glissait à travers les ouvertures.

Le discours n'avait provoqué chez le président aucune réaction. C'est sans doute à peine si ses yeux avaient brillé. Et pourtant, sa joie était grande. Les mots arrivèrent difficilement,incohérents. Il eut besoin de faire beaucoup d'efforts pour se lever.

Il se mit à marcher lentement de long en large comme si, debout, il pouvait mieux réfléchir. Il y avait une certaine agitation dans ses mouvements. Il retenait son souffle, ses doigts tremblaient légèrement. Il passa et repassa devant les délégués. Il s'arrêta, leur tournant le dos. Soudain, il prit conscience du silence, comme on devient conscient d'un nouveau son. Il lui sembla que depuis un moment, il était immobile. Il murmura pour lui-même : « Vous me confiez là une lourde tâche ».

Il secoua la tête. Puis brusquement il se retourna et demanda :

— Quelle est la forme d'État que vous estimez la meilleure pour le pays ?

Cette question inattendue les déconcerta. L'un après l'autre, ils exprimèrent leurs opinions sur la question.

Tout allait bien. On entendit :

— Optons pour le socialisme scientifique !

On avait compris au flair. Personne ne savait d'où ça venait. On avait ri quand même pour lui faire plaisir, une occasion comme une autre. Mais l'idée fit son chemin et quelqu'un d'autre lança :

— Pourquoi pas le socialisme scientifique ?

Les gens se regardèrent.

Le président se redressa. Il eut le geste de s'assurer que sa cravate demeurait en place.

— En effet, dit-il... Enfin ça serait tout de même...

Il ne savait comment conclure.

Il fit un mouvement de tête et se remit à marcher, de long en large, comme repris par ses soucis. Il finit par s'asseoir et tourna la tête vers le président du Comité comme pour lui demander d'approuver ce qu'il allait dire.

— Tout de même... Le socialisme scientifique !

— Pourquoi pas ! fit un autre.

Le président baissa la tête, réfléchit.

— Il faut avoir une position claire sur cette affaire.

— C'est-à-dire ?

— Il vous faudra pourtant prendre parti soit pour le socialisme, soit contre. C'est pour ou contre l'intégration au communisme international qu'il nous faut prendre parti. Si vous poussez l'analyse à son point extrême : pour ou contre la transformation idéologique marxiste de ce pays.

Il se tut et se gratta la tête.

— Alors ? Monsieur le président !

— Ça veut dire qu'il vous reste à décider, si oui ou non nous optons pour le socialisme scientifique.

— Je ne prendrai pas seul la responsabilité de ce choix.

Cette réponse suscita une vive discussion parmi les membres. Les uns parlant pour, les autres contre. Chacun, autour de la table, développait son raisonnement et l'ancien président suivait la discussion avec un certain malaise.

— Nous pouvons prendre le communisme en exemple, dit l'un.

— Non, coupa l'autre, c'est déjà mal penser.

— Il pourrait y avoir lieu à des ménagements si le communisme n'avait pas une présence puissante. Il paraît plus puissant qu'il ne doit l'être. Il est puissant géographiquement. Il le paraît davantage dans notre pays par le fait d'une propagande que lui font certains de nos camarades.

— Et le capitalisme, hé, parlons-en un peu...

— Le communisme n'est pas une réalité dans ce pays.

Les voix commençaient à s'élever, la salle s'échauffait.

La conversation générale, longtemps faite d'entrain où chacun avait l'espoir de tenir un solide sujet, se fragmenta, s'émietta et rien de distinct ne s'entendait plus de toutes ces voix, aux timbres plus ou moins révolutionnaires, qui se mêlaient et babillaient comme les oiseaux-gendarmes, à l'aube, dans le village Mafouta.

— Voyons, calmez-vous, dit tout à coup la voix du président par-dessus toutes les autres, ce n'est pas le moment de vous disputer !

Ces paroles étaient sans doute la suite et la conclusion d'une conversation, à voix basse, qu'il eut avec le président. Et la question suivante, coupa nettement tous ces bavardages éparpillés.

— Camarades ! écoutez, reprit-il. Nous sommes en train de perdre les uns et les autres un temps précieux. Nous n'avançons plus d'un pas. Je vous propose d'atténuer une pareille tension. Les choses seront alors plus nettes. D'un côté comme de l'autre, nous devons débattre sincèrement de ce problème en ayant devant nous les réalités de notre pays. Il nous faut amorcer un débat définitif.

— Il faut s'en sortir.

— Nous en sortirons à l'heure où nous aurons résolu ce problème du socialisme. Il faut le liquider.

— Alors dans ce cas, passons au vote.

Après avoir laissé parler les uns et les autres, le président du Comité se redressa, souffla, frotta ses doigts sur ses paumes et s'adressant au président :

— Qu'est-ce que vous en pensez, Monsieur le président ?

— On peut tout changer par le socialisme scientifique, dit-il doucement...

Sa voix chaude et tranquille fit à ces hommes, l'effet d'une chanson de nourrice qui calme l'enfant.

— On peut tout changer, seulement voilà, il s'agit de s'entendre sur ce qu'on appelle « changement ». Si on entend par là, les prolongements politiques et sociaux du gouvernement précédent, ce n'est pas la peine. Quand je parle de changement, j'entends une action afin de sortir le pays de l'état où il se trouve et aider les différents peuples qui composent sa population à prendre confiance, défricher les sentiers de la construction, de la concorde, du développement économique et social.

Tout en parlant, il poussa sa main gauche devant lui, presque à longueur de bras. Il la retira aussitôt, se redressa. C'était un délicat problème d'équilibre à résoudre.

— Il me faut m'arrêter sur ce point. Il me faut vous demander d'adhérer à l'idéal de construction d'une nation congolaise une et indivisible. Il me faut appeler votre réflexion sur la sensibilité nationale. Autrement dit, la lutte politique sincère pour le bien-être de nos peuples que nous engagerons, ne saurait se résumer en la prise et en l'exercice de pouvoir. Ceux-ci demeurent certes une nécessité incontournable en tant qu'ils constituent un préalable à la mise en œuvre d'un projet politique nouveau, mais ils ne peuvent être considérés comme la fin de la lutte.

Il porta son regard sur le président du Comité, le ramena sur la table et continua :

— En posant sans ambiguïté la réflexion autour d'un projet politique pour le Congo, de l'avenir comme préalable à toute action politique conséquente, profonde et durable dans le sens de la construction et du progrès, je remarque une double rupture :

D'abord une rupture avec ceux qui par attrait du gain ou d'autres satisfactions personnelles, pensent et croient aujourd'hui encore possible la construction nationale par le seul jeu des lois du développement capitaliste.

Ensuite une rupture avec ceux qui, de bonne foi, par naïveté intellectuelle ou simplement par effet de mode, pensent et croient mécaniquement possible la construction nationale à partir des États hérités du colonialisme par le fait de la lutte des classes.

Cette double rupture avec les références idéologiques habituelles nous privera de tout modèle pour réfléchir à notre propre projet. La rupture doit aussi se faire au niveau de nos comportements, de notre mentalité pour créer un homme nouveau. Bien sûr que ça ne sera pas facile. Nous aurons de véritables obstacles à vaincre. Nos peuples auront des sacrifices à faire au début. Quand ils comprendront le sens de ces sacrifices, ils retrousseront les manches avec plaisir. Mais seulement, il faut être réaliste.

Pour développer notre pays, nos seuls bras ne suffiront pas. Nous ferons alors appel aux pays industrialisés qui le voudront bien, pour nous aider dans notre effort national pour le développement. Mais je n'entends pas là que le Congo sera la chasse gardée d'un certain pays industrialisé. J'affirme ici, devant vous ma volonté de non-alignement. Aucun pays industrialisé n'aura au Congo une situation de monopole. C'est pourquoi, en tant que président, avec tous les pouvoirs que la constitution m'aura conférés, je me tournerai, avec la volonté de diversification, vers l'Est autant que vers l'Ouest, si l'Ouest ne me rejette pas. Ainsi aurai-je fait de mon mieux pour ne pas tomber dans l'influence d'une quelconque puissance et de mon mieux aussi pour aider au véritable développement de notre pays.

Il se tut, semblant réfléchir, il n'avait pas l'air pressé. Il reprit :

— Voilà en quelques mots, ce que je voulais vous dire à ce sujet.

Il prit le temps d'une pause. Il ajouta :

— Et si vous êtes d'accord, alors procédons au vote : pour ou contre le socialisme scientifique.

— C'est d'accord.

— Qui est pour le socialisme scientifique ?

Plus de la moitié de la salle leva la main.

— Une grande majorité a opté pour le socialisme scientifique, déclara le président du Comité.

A peine eut-il prononcé ces paroles que la salle s'emplit d'applaudissements. Des cris de « vive le socialisme » s'élevèrent. Les révolutionnaires connaissaient une joie qui brillait dans leurs yeux. Le beau fruit d'or qu'était le socialisme leur ouvrait la porte du pouvoir.

— Bien, dit le président.

Il se renversa sur sa chaise et, d'un geste fatigué, jeta la tête de côté et plissa le front.

Il fallait bien que cela arrive à l'aube de cette première journée qui suivait la démission du président de la République.

« Je ne m'y retrouvais jamais parmi cette jeunesse en effervescence, se dit-il. Tout y est à l'envers ».

Il n'eut pas à chercher les raisons. L'excitation de cette jeunesse était là devant lui. Elle le prit sur son siège, en pleine illusion. Il ferma les yeux et entendit la voix triomphante du président du Comité qui continuait à résonner dans sa tête. Il ne tenta pas de se redresser pour lui répondre. Il rassembla plutôt toute son énergie pour penser à l'aventure dans laquelle ces jeunes venaient de l'enfermer.

En avaient-ils le droit ?

A force de réflexion et de recoupements, il était parvenu à une certitude quasi absolue. A cet instant précis, il comprit. Ce n'était pas difficile et, s'il avait fermé les yeux si fortement, c'était pour retarder de voir ce contre quoi il se sentait impuissant. Le problème c'est que depuis le début, il avait eu connaissance de l'existence de ce Groupe des jeunes qui, dans l'ombre, négociaient, manœuvraient et pensaient sans relâche au départ de Youlou.

N'avait-il pas cautionné malgré lui, par son silence, ce mouvement des jeunes qu'il connaissait tous personnellement et dont quelques-uns étaient là, assis en face de lui ?

Il soupira en constatant avec réalisme que la fièvre d'espérance dont il était envahi et qui l'avait poussé à la tête du nouveau pouvoir, n'apparaissait pas seulement comme un compromis entre le groupe des révolutionnaires et les modérés.

Un autre problème s'imposa à lui. Il savait que ces jeunes avaient un programme politique qui n'était pas le sien. On venait de l'appeler, donc de lui dicter une politique. Il fallait en tenir compte. S'il les décevait, ce serait sa première défaite.

La tâche qui l'attendait était très difficile et complexe. Pour plusieurs raisons :

Premièrement, il avait une connaissance des réalités politiques, économiques, sociales et culturelles du pays que ces jeunes n'avaient pas.

Deuxièmement, il avait conscience que malgré tout, il faisait partie du pouvoir déchu. C'était sa génération qui venait de tomber.

Troisièmement, il était seul, face à une jeunesse qui criait qu'il savait inconsciente de la réalité de son pays.

Et pourtant, il avait accepté la proposition d'être président comme une nécessité politique et psychologique : si elle n'éliminait pas la contradiction dangereuse des deux camps très fortement opposés, elle pouvait en atténuer les effets, l'intérêt des antagonistes dans l'immédiat, étant à ses yeux d'établir un équilibre, entre eux, au sein du régime.

Il comprenait à présent qu'il avait manqué de lucidité, que sa vue avait été courte. L'intérêt véritable des révolutionnaires était en premier lieu d'empêcher les modérés d'être représentatifs au gouvernement et ils étaient décidés, par conséquent, d'y concentrer toutes leurs forces, d'y appeler celles qui auraient tendance à s'inscrire dans leur ligne idéologique.

Il lui semblait tenir un rôle d'arbitrage dans ce gouvernement provisoire et il ne pouvait pas agir autrement en fonction de son existence et de sa durée.

Il se raidit lorsqu'il songea à la répartition des pouvoirs au sein du régime. Il ne croyait pas du tout à la possibilité d'une longue coexistence des deux tendances aussi radicalement opposées, mais croyait-il à la victoire de celle avec laquelle il allait cohabiter ?

Il abaissa les yeux vers l'ombre. Il aperçut alors que la nuit était passée. Par les larges fenêtres vitrées, la première lueur du jour imbiba les rideaux, entra timidement dans la salle de réunion.

Il se leva, sans savoir au fond pourquoi il le faisait. Il s'approcha instinctivement devant l'une des fenêtres et écarta un peu le rideau. Il leva les yeux et risqua un regard. Il découvrit que les étoiles pâlissaient et disparaissaient l'une après l'autre. Les contours des maisons devenaient de plus en plus nets.

Le petit jour embrassait le ciel de Brazzaville. Il se levait glorieux, au milieu des chansons, des cris de joie, de la musique et des danses.

Il laissa tomber le rideau et retourna à sa place.

*
* *

Toute la journée et au cours de la nuit suivante, il y

avait encore des réunions et des contacts afin de constituer le gouvernement de transition. Les délégués n'avaient pas dormi plus de trois heures sur vingt-quatre. On les voyait avec une barbe de cinq jours, des cernes sous les yeux fatigués. Le sentiment principal qui les dominait, était celui de leurs graves responsabilités.

Ils discutaient abondamment. Non pas dans l'intention d'essayer d'accroître les antagonismes entre eux, autour du mot socialisme. C'eût été remettre en cause la victoire que venait d'obtenir le peuple et dont il avait le plus besoin. Non, mais dans l'intention de chercher une orientation politique juste, pour l'avenir du pays.

Le lendemain commençait la deuxième République. Dès que les premières lueurs de l'aube de la semaine qui suivit, vinrent timidement estomper l'obscurité de la ville, lentement, des silhouettes suivaient la route qui menait à l'hôpital général. En quelques minutes, un millier de femmes et d'hommes se rassemblèrent devant la morgue. Ils attendaient, impatients, chacun de leurs gestes amenait son flot de triste et lancinante douleur, que les gens supportaient entre leurs dents serrées et trahissaient par de sourds murmures.

Certains cachaient leur colère dans des bavardages. D'autres regardaient simplement devant eux.

Enfin, la porte de la morgue s'ouvrit, livrant passage aux trois cercueils ornés de couronnes. Les hommes se décoiffèrent. Les visages s'assombrirent. Les corps de N'Tsiété, Massamba et Lénda reposaient, immobiles. Une lassitude mêlée d'angoisse et d'abattement saisit la foule qui défilait devant les cercueils ouverts.

Le deuil inonda le cœur de la foule lorsqu'on ferma les cercueils, qu'on les glissa doucement dans les voitures.

La rumeur des voix baissa. Le cortège quitta la morgue pour la route qui allait les conduire au cimetière du centre-ville.

Les accords de la marche funèbre résonnaient distinctement dans la rue. Ils s'élevaient au-dessus des têtes, s'envolaient dans le ciel transparent, ébranlaient l'air comme l'écho du premier grondement d'un orage du mois de septembre, encore lointain. Le vent froid, hostile, dont la violence augmentait, jetait à la face des gens la poussière, les aveuglant.

Les visages recueillis passaient. Les hommes, les femmes avançaient lentement derrière les corbillards. La ligne noire du cortège coulait comme une lave sombre, entraînée maintenant par le chant.

Le cimetière du centre-ville était trop petit.

Il ne contiendrait jamais ces hommes et ces fleurs.

Ceux qui étaient au premier rang firent de longs détours par d'étroits chemins entre les tombes, jusqu'à ce qu'ils fussent parvenus à un emplacement vide. Ils s'assemblèrent autour d'un tas de terre fraîchement extraite des trois fosses côte à côte. Le gros de la foule s'éparpilla entre les tombes et autour du cimetière. Le silence se fit. Un silence austère des vivants au milieu des morts.

Au-dessus des fosses se dressa, pâle, l'homme qui dirigeait la cérémonie. Devant les visages accablés de tristesse, il ne put suivre les lignes écrites. Son discours était simple, poignant.

— Notre remords, aujourd'hui, dit-il après une petite pause, est encore plus grand que notre peine. Leur mort est un drame pour les familles, mais c'est aussi un drame pour notre société.

Les fleurs s'entassaient pendant que le discours continuait sur ce ton affable qu'il avait, qui touchait les cœurs. Des regards émus et reconnaissants se posaient sur les familles endeuillées. Leur désarroi était profond. Certaines femmes, rompant de temps en temps le silence, éclataient en sanglots. D'autres restaient muettes, immobiles écoutant le discours. Il semblait qu'elles avaient pris racine dans le sol.

— Camarades ! conclut l'orateur. Ils sont aussi morts pour que vive le Congo. C'est pourquoi, ils resteront à jamais dans nos cœurs, les trois martyrs de la révolution.

Il prit un temps d'arrêt.

— Le peuple n'oubliera jamais... Lorsque nous partirons d'ici, nous emporterons avec nous leurs images qui resteront inscrites dans l'Histoire de notre pays.

— Oui ! Oui !

Ces mots, les parents des victimes du 13 août voulaient les entendre encore. Mais le discours était terminé, la foule frémit. Une voix entonna une chanson, d'autres se joignirent à elle. Pour ces trois morts, les vivants chantaient. Soudain, éclata le chant « O Congo » que toutes les bouches savaient déjà. C'était le chant nouveau. Il s'éleva haut, toujours plus haut, déchaîna l'ouragan qui plia les arbres, engendra la colère qui redressait les cheveux sur la tête, gagna les environs et se répandit sur la ville.

Les parents voulurent chanter aussi. En vain. Ils étaient trop tristes. Leurs lèvres ne pouvaient se desserrer, les visages gardaient une immobilité de pierre.

La terre tombait doucement sur les cercueils qui disparurent peu à peu et, bientôt, on ne vit plus que des monticules de terre sous lesquels reposaient désormais les trois martyrs de la révolution.

La foule se dispersa en chantant...

L'HARMATTAN

Librairie — Centre

Plus de 80 000 titres

AFRIQUE - OCÉAN INDIEN

ANTILLES - MONDE ARABE - ASIE

ESPAGNE — PORTUGAL

AMÉRIQUE LATINE

16, rue des Écoles, 75005 PARIS
Tél. : 43-26-04-52
Télécopie : 43-29-86-20

Métro : Maubert-Mutualité et Cardinal Lemoine

Heures d'ouverture :
Du lundi au samedi : 10 h - 12 h 30 et 13 h 30 - 19 h

Librairie L'HARMATTAN

21 bis, rue des Ecoles
75005 PARIS

Plus de 5 000 titres en rayons
sur l'U.R.S.S.
et les pays d'Europe centrale :

— Voyages - Géographie
— Histoire
— Politique
— Economie
— Littérature - Philosophie
— Beaux-Arts / Cinéma
— Linguistique

Plus de 3 000 titres en rayons sur :

— Le Marxisme
— Les problèmes théoriques du socialisme
— Le mouvement ouvrier
— La guerre révolutionnaire et le terrorisme
— Les problèmes de stratégie et de défense
— L'armée
— La police
— etc., etc.

Plus de 10 000 titres en français
et en langues étrangères
sur les pays d'Europe occidentale
(Bénélux, Scandinavie, Iles britanniques,
Allemagne, Autriche, Suisse, Grèce, Italie) :

— Histoire - Géographie - Voyages
— Politique - Economie
— Politique - Economie
— Littérature
— Beaux-Arts/Cinéma
— Linguistique

Plus de 10 000 titres en anglais
et en français
sur l'Amérique du Nord
et la Grande-Bretagne :

— Histoire
— Voyages - Géographie
— Politique
— Economie
— Littérature de langue anglaise (en anglais et en traduction)
— Beaux-Arts/Cinéma
— Linguistique